내가 곁에서 지켜봐온 이현희 목사는 우직함 그 자체다. 오랜 고민과 기도 끝에 한번 내디딘 길에서 그는 좀처럼 돌이키는 일이 없다. 그 곧고 우직함은 그의 곧은 믿음에서 나온다. 하나님을 믿고 의지하는 단단한 믿음이 그의 삶의 우직함으로 배어나오는 것이다. 사업을 할 때도, 사업을 내려놓고 영남가나안농군학교를 할 때도 그는 늘 그런 자세였다. 이 책은 흔하디흔한 설교가 아니다. 그것은 자신이 온몸으로 살아온 믿음을 사랑하는 이 땅의 여성 권사들에게 바치는 일종의 연서(戀書)다. 누가 알아주든 말든 자신이 부름 받은 그곳에서 또 다른 부르심이 있기까지 고스란히 자신을 드리는 것, 그것이 권사의 본분이고 교회를 살리는 길임을 그는 자신이 살아온 삶으로 호소하고 있는 것이다. 그것을 권사만의 것이라고 할 자 누가 있을까.

_김범일 유엔NGO 세계가나안농군운동본부 총재

대한민국에 기독교 복음이 들어온 지가 이제 135년이 되었고, 기독교는 점유율이 20퍼센트에 이르는 대학민국 대표적인 종교가 되었다. 그런데 대한민국 기독교를 자세히 살펴보면 아직도 허술한 데가 많고 보완하고 해야 할 부분이 너무도 많이 있다. 그중 하나가 이 책이 기술하고 있는 권사의 직분과 올바른 역할이다. 기독교의 핵심 교리는 하나님을 사랑하고 이웃을 내 몸과 같이 사랑하는 '사랑'이다. 그렇다면 교회는 사랑이 넘쳐야 한다. 그래서 세상에서 시달린 사람들이 고향에 온 것 같고, 시집살이에 고생하던 딸이 친정에 온 것 같이 따뜻하고 포근하고 편안해야 한다. 그런데 왜 한국교회는 고향과 같고 친정과 같은 교회가 되지 못할까? 그것은 '파라클레토스(보혜사)' 역할을 해야 될 권사들이 그 역할을 못하기 때문이다. 이러한 때 이현희 목사님께서 올바른 권사의 교본을 저술하여 출판하게 됨이 반가운 일이 아닐 수 없다. 이 책은 이 목사님의 오랜 신앙생활 속 경험과 깊은 기도를 통해 성경이 교훈하는 올바른 권사의 직분자 의무 등 모든 것이 다 들어 있는 귀한 책이며, 또한 한국교회에 절대 필요한 소중한 책이다. 이렇게 귀한 책을 저술하신 이현희 목사님의 노고에 진심으로 감사를 드리며, 아무쪼록 이 책을 모든 한국교회가 필독하고 활용하기를 바라며, 주님의 이름으로 축복한다.

_이종승 창원임마누엘교회 담임목사, 대한예수교장로회 백석대신 증경총회장

아픈 이에게 가장 필요한 건 따뜻한 위로다. 한국교회는 지금 많이 아프다. 그 아픔의 원인과 해법은 다양하겠지만 나는 위로이겠거니 생각한다. 다시 한 번 복음 앞에 바로서라고, 다시 한 번 예수님의 손을 붙잡고 일어서라고 하는 그 위로의 한마디가 한국교회를 회복하는 힘이라 믿는다. 이현희 목사님의 책이 꼭 그렇다. 한국교회를 향한 따뜻한 위로, 그중에서도 가장 약하고 이름 없는 이들을 등 두드리는 손길이다. 우리가 지금 붙잡고 있

는 복음이 거짓이 아니고, 우리가 지금 걷고 있는 이 길이 헛되지 않다는 것을 다시 듣고 되새길 때, 우리 신앙인은 또 다시 복음 앞에 자신을 드릴 수 있다. 그런 신앙인이 교회를 일으켜 세우고 이 민족과 사회를 살린다. 아파하는 한국교회에 주시는 따스한 위로, 그것이 바로 『바른 권사』라고 나는 믿는다. _이한석 전 대한예수교장로회 고신 총회장

가나안농군학교를 섬기시며 사람을 키우고 흔들리는 시대의 정신을 세우는 복된 사역을 감당하시는 이현희 목사님의 저서 『바른 권사』의 출간을 축하드리며 기쁨으로 추천합니다. 이현희 목사님은 장로님으로서도 참 아름다운 헌신을 하셨습니다. 그래서 평신도들의 삶과 섬김에 대해 더 깊은 이해와 체험을 가지셨다고 생각합니다. 이 책은 교회의 참으로 소중한 직분인 권사직에 대해 이론적인 것 뿐 아니라 신실한 믿음의 여인들을 소개해 주시고, 정말 아름다운 권사님을 위해 체험에 기초한 진술하며 따뜻한 내용들을 담아 내셨습니다. 또한 교훈적인 내용들과 함께 사랑의 위로들이 글 속에 녹아 있습니다. 교회와 성도들을 깊이 사랑하시는 이현희 목사님의 저서는 권사님들에게만 아니라 모든 성도님들께도 교회를 섬김에 큰 유익이 있을 것을 확신합니다. 귀한 저서를 통해 우리의 삶이 변하고 주님의 교회가 더욱 아름다워지기를 기대하며 일독을 권합니다. _안민 고신대학교 총장

흔히 교회의 리더십이라고 하면 목회자와 장로, 그리고 집사를 떠올린다. 그러나 예배를 정성으로 준비하고, 교인 간의 펠로십을 도모하며 온갖 잡다한 일을 소리 없이 감당하고 있는 권사직에 대해서는 비교적 관심이 적다. 특히 보수적인 분위기가 강한 한국교회에서 여성 직분에 대한 평가는 극히 박하다. 그러다 보니, 많고도 많은 참고 도서 중 권사직에 관한 책은 거의 전무하다고 보아도 무방하다. 저자인 이현희 목사님은 안타까운 마음으로 글을 썼다. 빛도 없고 소리도 없는 곳에서 묵묵히 교회를 섬기는 권사직에 주목하고, 권사란 직분에 대한 정의와 '역사 인물'에서 롤모델을 제시한다. 또한 단순히 주어진 일을 수행하는 차원이 아니라 꿈을 가진 권사가 되라고 권면한다. 지쳐가는 권사들에게는 용기와 응원을, 직분을 더 잘 수행하고자 하는 권사들에게는 비전을 제시한 귀한 책이다. 저자가 제시하였듯이 에스더와 한나와 같은 세상을 변화시키는 귀한 사역을 꿈꾸는 전국의 권사님들에게 일독을 권한다. _장제국 동서대학교 총장

"사람 사랑하는 것을 즐긴다"라는 표현이 딱 어울리는 분이 이현희 목사님이다. 기업가의 자리에서 스스로 물러나 영남가나안농군학교를 설립하고 다양한 사람들을 대상으로 인성 교육에 여념이 없는 바쁜 틈새를 아껴 이번에는 여성 사랑에 빠졌다. 교회의 다수를 차지하고 있는 여성 성도들의 지도자인 권사님 사랑에 빠졌다. 교회의 온갖 궂은 일, 젖은

일을 도맡아 하면서도 이름도 없고 빛도 없는 권사에 대해 성경 가운데서 그 의미를 찾고 또 롤모델을 제시하고 꿈꾸는 행복한 권사의 길을 안내해 신앙적 자존심을 일으켜주었다. 한 번 필독하게 되면 자존심이 살아나고 보람이 충만할 것이다. 내용이 신학적으로도 잘 정제되고 실제적이어서, 참 재미있는 귀하고 유익한 책이다. 꼭 필독을 권한다.

_박재한 부산홀리클럽 회장

추천사는 대개 '좋은 책'이라는 이야기뿐이라서 싫다. 게다가 이현희 목사님은 일면식도 없는 분이니 내킬 리가 없었다. 그런데 추천사를 쓰기 위해 원고를 받아 읽으면서, 나는 '회개'했다. 짧은 문장은 힘이 있다. 쉬우면서도 깊이가 있다. 절절하다. 구체적이다. 무엇보다 많은 여성들을 만난다. 성경 인물들은 물론 나라 안팎의 인물들, 낯익은 인물은 물론 낯선 인물들을 만나도록 주선한다. 아니 그들이 진한 감동을 준다. 그저 읽고 지나가지 못하게 자꾸 발을 붙잡는다. 나중엔 저자를 만나고 저자와 함께 하시는 주님을 만난다. 한국교회의 침체와 위상 추락을 가슴 쥐어짜듯 아파하며 구절구절을 눈물로 써내려갔다. 그리고 여성들, 특히 '바른' 권사들을 통해 다시 일어서게 하실 하나님이심을 확신하고 기도하며 써내려간 한국교회의 반성문이자 기도문이며, 설교문이자 호소문이다. 옆에 두고 읽고 또 읽어야 할 권사들의 필독서다. 아니 바른 일꾼, 바른 목사 되고 싶은 분들의 필독서다.

_박무종 부산 성광교회 담임목사

권사는 "교회의 택함을 받고 제직회의 회원이 되며 교역자를 도와 궁핍한 자와 환난 당한 교우를 심방하고 위로하며 교회에 덕을 세우기 위해"(대한예수교장로회 통합, 헌법) 힘쓰는 사람으로 세움 받은 사람입니다. 주님의 몸 된 한국교회가 지금까지 성장하고 발전할 수 있었던 요인들 중 하나는 하나님께 부름 받은 직분자들의 수고와 헌신 덕분이었습니다. 그 중에서도 권사로 부름 받아 그 직무를 감당하며 하나님의 교회와 지도자들과 함께한 수많은 권사님들의 수고는 이름도 없이 빛도 없이 한국교회를 든든하게 세워왔습니다. 하나님이 직분을 주시는 이유는 하나님의 일을 하기 위함입니다. 그런데 주위를 돌아보면 권사의 직분을 사모하는 사람들은 많지만 정작 그 직분을 감당하기 위한 준비와 자격을 갖춘 사람은 많지 않다는 것을 발견하게 됩니다. 그런 연에서 볼 때 이 책 『바른 권사』는 권사의 직분을 사모하는 성도와 이미 권사로 부름을 받아 그 사명을 잘 감당하기를 바라는 분들에게 바른 이정표가 될 것입니다. 이 책을 읽은 사람들은 하나님의 사명을 감당하기 위한 올바른 자기 정체성을 갖게 될 것이며 섬김에 대한 바른 가치관을 갖게 될 것입니다. 이 책이 한국교회 많은 성도들에게 하나님의 사역과 헌신을 향한 열정을 불어 넣는 유익한 책이 되기에 추천의 글을 올립니다.

_박재학 광명교회 위임목사

참 좋은 책이 나왔습니다. 이 책은 시중의 여느 책들과 달리 권사란 어떤 직분인가를 아주 쉽게 풀어내고 있습니다. 성경적인 관점과 목양적인 관점에서 권사의 직분에 대한 정돈된 균형미가 있고, 역사상 위대한 여인들의 롤모델을 통하여 권사는 어떤 사람이어야 하는지 좀 더 큰 틀에서 방향성을 제시해주고 있습니다. 작년에 저희 교회에서 피택권사들을 교육할 때 마땅한 책을 찾지 못해 어려움이 있었습니다. 그때 이 책이 나왔더라면 하는 아쉬움이 남습니다. 아마도 이 책은 저와 같은 문제로 고민하는 목회자들에게 매우 유익하리라 생각됩니다. 뿐만 아니라 권사 임직을 앞두고 있거나 임직을 받았지만 아직도 권사가 어떤 직분인지 모르는 분들에게 이 책은 가뭄의 단비와 같고, 추수하는 날에 얼음냉수 같아서 능히 그 마음을 시원케 해줄 책이라고 생각됩니다. 그런 분들도 꼭 읽어보시길 추천드립니다.

_박태언 부평교회 담임목사

권사에 가장 잘 어울리는 의미를 보혜사 성령을 뜻하는 '파라클레토스'('옆에서 부르시는 분' 또는 '옆에서 들어주시는 분')라는 단어에 견주어 접근한 것이 퍽 인상적입니다. 권사 직분의 롤모델을 성령님의 사역에서 그 원형을 찾을 만큼 오늘날 교회 안에서 중요한 직분임을 설명하고 있는 것입니다. 참으로 정당한 이해입니다. 오늘날 현대 교회들은 역사상 그 어느 때보다도 극단적인 개인주의와 이기주의로 채워진 시대상을 반영해, 교회 그 본연의 색채를 잃은 채 이기적이고 고독한 공동체로 변색되어가고 있습니다. 무엇보다도 위로와 격려, 그리고 세움이 절실히 요구되는 때입니다. 이런 전제를 충분히 공감한다면 저자가 설명하는 권사는 오늘날의 교회 공동체적 상황에 가장 적절한 역할이라고 믿습니다. 따라서 현대 교회 안에서 가장 깨어나야 할 리더십이 권사직이라는 저자의 주장에 깊이 공감하며, 권사직분의 재소환을 통해 교회됨의 희망을 꿈꾸며, 이 책의 일독을 권합니다.

_신현모 용인비전교회 담임목사

평신도를 위한 지침서가 발간된다는 소식에 반가운 마음으로 책을 읽어보게 되었습니다. 저자 목사님의 평신도 시절의 사역을 중심으로 한 이 책 『바른 권사』는 평신도의 심정에서 목사님과 교회와 성도들 간의 사역을 어떻게 동역하는 것이 최선인지를 읽기 쉽게 정리되어 있어서 권사님들의 지침서로 유익한 책이 될 것으로 확신합니다. 이 책은 저자가 평신도 사역을 지나 목회자가 되고나서 자신이 평신도였을 때의 마음과 아울러 목회자가 되면서 "이런 평신도 동역자가 있으면 좋겠다"라고 느낀 내용들로 채워져 있습니다. 한국교회를 살리는 귀한 사역에 권사님들의 눈물과 땀, 그리고 희생이 아름다운 열매를 맺게 될 것입니다.

_박형철 한우리교회 담임목사, 국제강해설교연구원 원장

바른 권사

바른 권사

발행일 2019년 04월 25일 초판 1쇄
　　　　 2022년 12월 10일 초판 2쇄

지은이 이현희
발행인 고영래
발행처 미래사CROSS

주소 서울시 마포구 신수로 60, 2층
전화 (02)773-5680
팩스 (02)773-5685
이메일 miraebooks@daum.net
등록 1995년 6월 17일(제2016-000084호)

ISBN 978-89-7087-117-2 13230

ⓒ 이현희, 2019

이 책의 저작권은 저자와 도서출판 미래사CROSS가 소유합니다.
신저작권법에 의하여 한국 내에서 보호받는 저작물이므로 무단 전재와 무단 복제를 금합니다.

* 가격은 뒤표지에 있습니다.
* 잘못 만들어진 책은 구입처에서 바꾸어 드립니다.

머리말

권사여,
당신이 교회의 보배입니다

요즘 교회 안팎에서 시련을 겪고 있는 교회들을 바라보면서, 하나님이 이 땅의 교회를 참 사랑하신다는 사실을 새삼 깨닫는다. 사랑하시지 않는다면 관심도 안 가질 것이고 지금처럼 매도 들지 않을 것이기 때문이다. 한국의 기독교 역사를 보면, 하나님은 시련이 생길 때마다 훌륭한 신앙 선배들을 보내주시고 그들을 통해 이 척박한 땅에 교회를 세우시고 지금까지 인도해오셨다.

그 신앙의 선배들 속에는 언더우드와 아펜젤러 등 한국의 복음화를 위해 노력한 수많은 선교사들을 비롯해 길선주, 손양원 같은 우리에게 잘 알려진 목사님들도 있다. 하지만 한국 교회가 성장하는 데에는 이름난 주의 종들 이외에도 알려지지 않은 수많은 무명의 성도들이 있었다. 하나님은 그들의 헌신을 통해 교회를, 그리고 이 땅을 긍휼히 여기시고 싸매시고 세워오셨다.

큰 역사를 이룬 목회자들에게는 그들을 위해 간절히 기도해온 어머니나, 옆에서 묵묵히 헌신하며 도운 사모들이 있었다. 그들의 기도와 헌신, 그리고 신뢰가 목회자를 온전히 세우고 이 땅의 복음화에 밑거름이 된 것이다. 마찬가지로 훌륭한 교회에는 교회를 위해 묵묵히 기도와 봉사로 헌신해온 권사들이 있다. 그들은 교회의 어머니요, 사모다. 목회자에게 힘을 주고 돕는 이도, 교인들에게 올바른 신앙의 본을 보이는 이도 권사의 몫이다.

권사들은 세상에서 드러나지 않는 만큼 하나님께 받을 상이 더 크다. 하나님은 교회를 향한 권사들의 기도와 눈물, 헌신을 하나하나 기억하고 계실 것이다. 그리고 더 큰 은혜로 채워주실 것이다.

평신도를 거쳐 목사가 된 사람으로서 내가 신앙생활을 하며 보고 듣고 느꼈던 것을 같은 평신도의 입장에서 진솔하게 전하고 싶었다. 그리고 권사가 교회에서 얼마나 중요한 자리인지를 말하고 싶었다.

물론 권사뿐 아니라 모든 직분자들이 다 소중하다. 교회의 영적 권위를 이끌어가는 목사도, 교회를 치리하고 세워가는 장로도, 교회의 손발이 되어 곳곳에서 역동적으로 움직이는 집사도 모두 소중하다. 그들 중 누구 하나라도 없으면 교회는 굴러가지 않는다. 하지만 이 책에서는 묵묵히 자신의 자리에서 기도와 헌신을 쏟아온 권사에 초점을 맞춰 격려하고 위로했다.

나는 보이지 않는 곳, 교회의 구석진 곳에서 수고하는 권사들을 예수님이 특별히 귀하게 보실 것이라 믿는다. 주님은 "너희들이 보배다. 너희들이 얼마나 중요한지 모른다. 너희들이 본이 되어야 한다. 너희들이 바로 서야 교회가 바로 선다. 너희들의 수고와 눈물을 내가 다 보고 있다." 이렇게 말씀하시며 등을 토닥토닥 두드려주시지 않을까.

이렇게 소중한 직분의 당사자인 권사가 막상 자신의 직분을 그렇게 소중하게 여기지 않는다면, 아마 교회는 교회다워지기 힘들 것이다. 권사들을 귀하게 보시는 예수님도 섭섭하실 것이다. 오늘날 교회 위기의 원인 중 한 자락도 어쩌면 여기서 찾아낼 수 있을지 모른다.

가정과 교회, 사회의 한편에서 오늘도 이름 없이 살아가는 권사들에게 이 책이 조금이나마 힘과 위로가 되기를 바란다.

이현희

사람이 마땅히 우리를 그리스도의 일꾼이요
하나님의 비밀을 맡은 자로 여길지어다
그리고 맡은 자들에게 구할 것은 충성이니라

고전 4:1~2

차례

머리말_ 권사여, 당신이 교회의 보배입니다 • 4

1부 권사란 무엇인가

권사란 무엇인가 • 12

권사는 목자이자 교사다 • 18

권사는 평신도 지도자다 • 24

권사는 목회자의 동역자다 • 30

권사는 자기 삶의 경영자다 • 36

권사는 지역사회의 빛과 소금이다 • 42

권사는 기도의 어머니다 • 48

권사는 민족의 중보자다 • 54

권사는 위로자다 • 60

권사는 섬기는 자다 • 66

권사는 피스메이커다 • 72

권사는 교회의 윤활유다 • 79

2부 권사의 롤모델

'열국의 어미' 사라의 눈물 • 88

자신의 민족을 구한 에스더의 믿음 • 94

눈물과 기도로 사무엘을 얻은 한나 • 100

모세를 구한 세 여인 • 106

권사의 표상 막달라 마리아 • 112

루디아, 헌신적인 섬김의 신앙을 보여주다 • 118

웨슬리 어머니 수산나의 바른 자녀 교육 • 124

어거스틴 어머니 모니카의 눈물의 30년 기도 • 130

가장 위대한 대통령 링컨을 만든 두 어머니 • 137

한 알의 밀알이 에콰도르 복음의 열매가 되다 • 144

에이미, 인도 어린이들의 엄마가 되다 • 150

조선의 작은 예수, 서서평 선교사 • 156

3부 권사에게 들려주고 싶은 이야기

언행일치의 삶을 살라 • 164

권사가 교회를 개혁할 수 있다 • 170

이 땅에서 천국을 누려라 • 176

남편을 최고의 우군으로 만들라 • 182

범사에 긍정하라 • 188

세상에서도 인정받는 권사가 되라 • 194

남이 하지 않으려고 하는 일을 내가 먼저 하라 • 200

자식들에게 존경받는 어머니가 되라 • 206

실패에 감사하고 실수에 정직하라 • 212

문제 제기자가 아닌 문제 해결자가 되라 • 218

나와 생각이 다른 사람들을 인정하라 • 224

에필로그_꿈꾸는 권사가 되라 • 230

Chapter 01

권사란 무엇인가?

1 권사란 무엇인가

권사란?

대한예수교장로회 고신교회의 헌법에 따르면, 권사(勸師)는 준항존 직원으로(교회정치 31조 2항) 45세 이상 65세 이하의 여자 세례 교인으로 무흠하게 5년을 경과한 자로 개체 교회에 등록한 지 2년 이상이 되어야 자격이 있다(교회정치 85조 1항, 4항). 공동의회에서 3분의 2 이상의 득표로 선출된다. 또한 권사로 피택되면 당회의 지도로 6개월 이상 교육을 받고 고시에 합격하고 나서 개체 교회에서 안수 없이 임직한다(교회정치 88조 1항). 이렇게 권사로 임직받기까지 결코 쉽지 않은 절차가 있음을 말해주고 있다.

권사의 직무와 관련해서는 "당회의 지도 아래 교인을 심방하되 특히 병자와 궁핍한 자, 환난당한 자, 시험 중에 있는 자와 연약한 자를 위로하고 격려하며 교회에 덕을 세우기 위하여 힘쓴다"고 되어 있다.

　권사의 역할이 교인들을 위로하고 격려하며 교회의 덕을 세우는 것임을 강조하고 있는 것이다. 아울러 "당회의 지도 아래"를 강조함으로써 권사가 아무리 개인적인 열심과 사랑과 은사가 있더라도, 질서 있게 교회 공동체를 세우는 데 기여해야 함을 덧붙이고 있다. 권사가 목사나 교인들을 좌지우지하고 교회 일을 독불장군처럼 주도해나가서는 안 됨을 명백히 하고 있는 것이다.

성경에 없는 권사 제도, 성경적인가?

　권사는 성경에 없는 직분이지만, 감리교 창시자인 존 웨슬리(John Wesley)가 감리교 운동 초창기부터 쓰기 시작했다. 18세기 웨슬리가 영국 전역을 다니며 복음을 전파할 때 지역마다 회심자들이 늘어나자 이들을 돌보고 이끌어줄 모임(속회)을 조직했고, 그 모임을 이끌 속장이 바로 권사였던 것이다. 보통 교인 15명당 1명의 권사가 배속되었다. 영국 국교회인 성공회에서 갈라져 나온 김리교회로서는 성직자를 돕는 평신도 지도자가 절실했을 것이다.

　당시 감리교 권사는 남녀 모두 될 수 있었고, 지금도 감리교에서는 이 전통이 이어시고 있다. 하지만 권사 제도가 장로교로 확장되면서 장로교에서는 여성만 권사가 될 수 있었다. 여성 안수를 금하고 있는 장로교단에서 남성 위주의 장로 대신 도입한 직분 제도가 권사라고 할 수 있다. 이 때문에 일각에서는 권사 제도를 성차별적이고 시대에 뒤떨어진 제도라고 비판하기도 한다.

우리나라에서 '권사'란 용어가 처음 등장한 것은 1910년 독노회 회의록에서다. 당시의 권사는 지금의 권사와는 다른 전도부인, 권서인 등을 지칭한 것이라는 게 학자들의 해석이다. 그런데 언제부턴가 권사가 교회의 직제로 인식되고 있다. 권사를 장로, 안수집사 아래에 있는 직제로 이해하는 것이다. 교회 직분은 위계질서나 계급이 아닌 역할 분담으로 이해해야 한다. 몸의 각 부분이 서로 업신여길 수 없듯이 각자 고유의 역할이 있는 것이고, 이를 존중하는 것이 몸을 세워가는 원리인 것처럼 말이다.

성경 원어상으로 봤을 때, 권사에게 가장 어울리는 단어는 '파라클레토스(παρακλητος)'라고 할 수 있다. 보혜사(保惠師) 성령이다. 파라(παρα)는 영어로 beside, 즉 '~곁에, ~옆에'란 의미다. 클레토스(κλητος)는 '부르시는 분' 또는 '들어주시는 분'이란 뜻이다. 그러니까 파라클레토스는 옆에서 부르시는 분 또는 옆에서 들어주시는 분이란 의미다. 그것이 바로 성령이다.

성령은 어떤 분이신가? 슬플 때, 외로울 때, 위험할 때 내 곁에 오셔서 나를 위로해주시는 분이다. 함께하고 위로하는 것, 그것이 성령의 사역이다. 또한 그것이 곧 권사의 역할이다.

그 역할의 롤모델이라고 할 수 있는 성경 인물이 바나바다. 그에겐 '위로의 아들'이란 별명이 따라붙는다. 헬라어로는 '휘오스 파라클레슈스(Υἱὸς παρακλήσεως)'라고 한다. 바나바는 숨은 일꾼을 발굴해 세워주는 사람이었고, 동역자 간의 갈등에 화해의 다리를 놓는 사람이었다. 철저한 위로의 사람, 세워주는 사람이었다. 그것이 곧 권사의 역할이다.

감리교에서 권사란 직분이 처음 등장한 것은 교인들을 위로하고 교회 공동체를 세우기 위함이었다. 예수님이 떠나신 후 성령께서 이 땅에 오신 목적도 믿는 자들을 위로하고 믿음을 굳건히 하기 위함이다. 이를 통해 교회 공동체를 건강하게 세우고 지속되도록 하려는 것이었다.

무엇보다 위로하고 세우는 것, 그것은 하나님 사역의 본질이기도 하다.

> 찬송하리로다 그는 우리 주 예수 그리스도의 하나님이시요 자비의 아버지시요 모든 위로의 하나님이시며 우리의 모든 환난 중에서 우리를 위로하사 우리로 하여금 하나님께 받는 위로로써 모든 환난 중에 있는 자들을 능히 위로하게 하시는 이시로다 그리스도의 고난이 우리에게 넘친 것 같이 우리가 받는 위로도 그리스도로 말미암아 넘치는도다(고후 1:3~5).

권사의 본질, 하나님의 본질

개인보다는 교회 공동체를 앞세우는 언행, 여기에 바로 권사의 본질이 있다. 교회 공동체를 먼저 생각하는 그 진정어린 마음을 교인들은 결국 알게 된다. 권사의 권위는 바로 여기서 나온다. 그런데 요즘은 교회 공동체보다는 자기 자신을 앞세우는 경우가 적지 않다. 그 때문에 교회는 분란을 겪고, 개인의 위신도 결국 땅에 떨어지는 것을 보게 된다. 어리석고 안타까운 일이다.

그것은 비단 목사나 장로만의 얘기는 아니다. 하나님 나라를 위한 헌신엔 권사도 예외일 수가 없다. 아니, 공동체를 위하는 일이 곧 권사 본연의 직분임을 성경도, 교회사도, 그리고 교회 헌법도 가르쳐 주고 있다.

그렇다면 어떻게 권사의 삶을 살 것인가? 어떻게 교회에서 권사로 아름답게 섬길 것인가? 그 해답은 자신을 내려놓는 데 있다. 자신의 이름, 자존심, 유명세를 버리는 것이다. 오직 교회 공동체를 세우고, 조국과 하나님 나라를 위한 일에 자신을 앞장서 바치는 것이다.

어떻게 권사로 잘 섬길 것인가? 이 질문을 다르게 하면 '어떻게 잘 위로하고 세울 것인가?'라고 할 수 있다. 방법은 간단하다. 먼저 하나님의 위로를 경험하고, 그 받은 위로로 또 다른 위로가 필요한 사람을 위로해주는 것. 그것이 사람을 세우고 나를 세우고 공동체를 세우는 단순하지만 가장 확실한 원리다.

'권사' 하면 장로에 비해 권한도 이름도 별로 없는 것처럼 보일지도 모른다. 하는 일이라고는 그저 뒤치다꺼리나 하는 일이라고 치부해버릴 수도 있다. 그러나 잊어선 안 될 게 있다. 하나님 나라에서는 그런 무명의 섬김, 낮은 자의 겸손이 더욱 존귀하다는 것, 그런 섬김과 겸손이 하나님 나라를 세워가는 본질이라는 것이다.

권사는 목자이자 교사다

2

교회에서 목사만큼이나 많은 역할이 따라붙는 직분이 권사다. 교회의 구석구석을 책임지는 봉사자이기 때문이다. 그러나 권사의 가장 중요한 직분은 목자이자 교사임을 잊지 말아야 한다.

양떼를 산 자들은 양떼를 죽여도 벌을 받지 않는다고 말하고 있고 양떼를 판 자들은 '여호와를 찬양하세. 내가 부요하게 되었다.' 하며 그 목자들까지도 양떼를 불쌍히 여기지 않는다(슥 11:5, 현대인의 성경).

성경에는 이스라엘과 교회의 리더를 칭할 때 '목자' 또는 '양떼'가 등장한다. 그것은 구약과 신약이 동일하다. 목자는 양떼 위에 군림하지 않는다. 아니, 굳이 군림할 필요가 없다. 양떼를 위한 목자의 역할은 늑대나 곰 같은 위해 동물로부터 지키는 것이다. 그리고 양떼를 풀이 많은 곳으로 안내하고, 때가 되면 우리로 다시 들여보내는 일이다. 철저하게 지키고 보호하고 돌보는 일에 맞춰져 있다.

교회의 리더를 양을 치는 목자로 비유하는 것은 교회 리더의 역할이 양떼를 위한 목자의 역할과 똑같다는 걸 말해주는 것이다.

너희는 자기를 위하여 또는 온 양떼를 위하여 삼가라 성령이 저들 가운데 너희로 감독자를 삼고 하나님이 자기 피로 사신 교회를 치게 하셨느니라(행 20:28, 개역한글).

권사는 목자다

권사는 목자다. 교회의 리더다. 교인들을 돌보고 이끌 책임을 지닌 자다. 권사의 직무와 관련해 교회 헌법에 교인을 심방하고, 연약한 자를 위로하는 것을 규정한 이유도 권사라는 직분이 목자의 역할과 관련이 있음을 보여주는 것이다.

따라서 권사가 군림하거나 목회자를 비롯해 교회 리더들을 휘어잡으려 하는 것은 권사의 직분이 뭔지 모르는 무지의 소치다. 물론 그 반대로 그저 교회에 잘 출석하고, 열심히 청소하고 설거지하는 것으로 권사의 직분을 다한 것으로 이해하는 권사도 무지 내지는 무책임한 것이다.

권사가 목자로서의 역할을 잘 감당하려면 우선 교회 목사의 마음을 잘 읽을 수 있어야 한다. 목사는 주님의 마음으로 교인들을 헤아리고 돌보려고 노력한다. 그런 목사의 마음을 잘 헤아릴 수 있다면 권사는 훌륭한 목자로서의 기본을 갖췄다고 할 수 있다. 왜냐하면 교회는 결코 목사 혼자 감당할 수 없는 주님의 몸이기 때문이다.

가령, 어느 여자 성도에게 말 못할 어려운 일이 있다고 치자. 그 성도는 목사 앞에 내면을 다 털어놓을 수 없다. 목사 역시 그 여자 성도의 마음을 다 헤아리기 어렵다. 그럴 때 필요한 게 바로 권사다. 권사는 같은 여성으로서 그 성도와 깊은 대화를 할 수 있고, 그 성도는 그런 대화만으로도 어려웠던 마음이 어느 정도 위로받는 것을 경험할 수 있다. 그것이 바로 교회에서 약한 자를 세워가는 방법이다.

물론 조심해야 할 부분도 있다. 권사가 목사의 마음을 헤아리지 못하고 앞서가는 것이다. 목사의 마음은 조금도 헤아리지 못한 채 자신의 열정과 성향대로 대화하고 해결책을 제시하는 것이다. 물론 권사는 선의로 그럴 수 있다. 하지만 이런 경우 대부분 불협화음을 겪는다. 그리고 전체적인 목회의 틀은 흔들리고 만다. 왜냐하면 교회는 공동체이기 때문이다. 한두 사람의 열정으로 세워져갈 수 없기 때문이다. 목사의 목회 방침을 이해하고 따르는 것이 그래서 중요하다. 그것이 교회의 질서를 세우고 공동체를 튼튼하게 만드는 방법이기 때문이다.

권사는 주도권이나 자존심을 생각하면 안 된다. 여기서 중요한 게 바로 자신을 내려놓는 것, 양떼를 위해 자신을 던지는 것이다. 그것이 목자의 존재 이유이기 때문이다. 그것은 목사의 목회 방침에 순종하고, 지혜롭게 잘 이행하는 것이다.

권사는 교사다

권사는 또한 교사이기도 하다. 권사의 행동 하나, 말 한마디는 교인들에게 상당한 영향을 끼친다. 특히 부정적인 언사는 더욱 큰 영향을 발휘한다. 따라서 권사는 자신의 언행이 양떼에 끼칠 부정적·긍정적 영향을 생각해서 범사에 조심해야 한다.

권사는 평소 자신의 언행이 다음 세대에게 본보기가 될 뿐만 아니라 실제 교사로도 설 수 있어야 한다. 왜냐하면 신앙은 결국 다음 세대에게 전수되도록 하는 것이 교회를 세우신 하나님의 계획이기 때문이다.

가급적 기회를 만들어서라도 주일학교 교사로 봉사하는 것이 좋다. 사실 한국교회 주일학교 위기는 지금 심각한 상황이다. 전체 교회의 70~80퍼센트가 주일학교가 없거나 제대로 운영되지 않고 있나고 한다. 출생 인구가 줄어들기 때문이기도 하지만 더 큰 문제는 한국교회가 다음 세대에 선한 영향을 미치거나 키우는 데 실패하고 있기 때문이다.

어쩌면 지금은 한국교회 신앙의 비상 상황이라고 할 수 있다. 한국교회가 다음 세대를 키우는 데 실패한다면 한국교회 전체가 문을 달을 수밖에 없기 때문이다. 목자는 양 떼를 위해서 목숨을 버리는 사람이다. 교사야말로 어린 양 떼를 위해 자신을 버릴 수 있는 사람이다. 혹시 섬기는 교회에 주일학교가 없거나 미약하다면 자원해서 교사를 맡으라.

실력이나 언변이 부족하다고 핑계 대지 말라. 교사는 뭔가를 알아서 아이들에게 가르치는 사람이 아니다. 오히려 겸손하게 아이들로부터 배우려 하고, 귀 기울이려 하고, 그래서 그들의 꿈을 찾아주고, 그들을 옳은 길로 안내하는 안내자 내지 동행자라고 생각하면 된다. 그 일을 누구보다 잘할 수 있는 사람이 바로 권사다.

20세기를 복음으로 환하게 밝힌 드와이트 무디(Dwight L. Moody)를 우리는 잘 알고 있다. 그는 지금처럼 인터넷이나 TV도 없던 시대에 전 세계 1억 명에게 복음을 전했던 위대한 전도자다. 무디는 조나단 에드워즈(Jonathan Edwards)와 더불어 미국 역사상 가장 위대한 전도자로 사람들은 기억하고 있다.

무디의 아버지는 그가 네 살 때 심장병으로 갑작스럽게 죽었다. 지독한 가난으로 무디는 교육조차 제대로 받을 수 없었다. 결국 그는 17세 때 고향을 떠나 보스턴으로 가서 외삼촌의 구둣가게에 취직했다. 교회를 찾아간 것은 순전히 외삼촌의 성화 때문이었다. 거기서 그는 자신의 생애를 송두리째 바꾼 주일학교 교사 에드워드 킴볼(Edward Kimball)을 만난다.

하지만 무디는 교회에 출석하지 않았다. 글을 잘 알지 못했던 무디에게 성경 읽기는 곧 부끄러움의 시간이었던 것이다. 이 사실을 안 킴볼은 직접 무디가 일하고 있던 구둣가게로 찾아가 예수 그리스도가 무디를 얼마나 사랑하시는지 알려주고, 예수님을 영접할 기회를 준다. 그리고 무디의 생애를 예수 그리스도께 헌신할 것을 제안했고, 무디는 그 자리에서 무릎을 꿇고 눈물을 흘리며 자신의 생애를 주님께 의탁한다. 위대한 전도자가 탄생하는 순간이었다.

하나님의 본심은 어린 영혼들에게 가 있다. 그 어린 영혼들에게 자신을 던져 마음을 쏟아부을 때 하나님은 축복하신다. 다윗도 이스라엘의 왕으로 선택받기까지 목동으로 양떼를 돌보고 지켰다. 양떼를 지키는 것과 백성들을 돌보는 것은 본질상 같은 일이다. 직업상으로는 전혀 다른 것 같지만 그 정신은 똑같다는 얘기다.

지금 한국교회는 소망을 찾아보기 힘든 상황이다. 목회자나 교회에 대한 사회의 신뢰도는 바닥에 떨어졌고, 주일학교는 문을 닫고 있고 교인들은 점점 줄어들고 있다. 이런 한국교회를 바라보시는 주님은 어떤 심정이실까? 주님은 아마 목사나 교회의 이름이 땅에 떨어지는 것보다 교인들이 목자 잃은 양떼처럼 헤매는 걸 더 안타까워하시지 않을까.

이럴 때 필요한 것은 양떼를 위해 자신을 버릴 줄 아는 진정한 목자다. 교인들의 아픔을 어루만지고, 그들을 다시 일으켜 세워줄 수 있는 목자를 하나님은 애타게 찾고 계신 것이다.

3 권사는 평신도 지도자다

'무리를 다스리거나 이끌어가는 지도자로서의 능력'

리더십(leadership)에 대한 사전적 정의다. 이 리더십은 혼자서는 무용지물이다. 반드시 공동체를 염두에 뒀을 때 의미를 갖는다. 왜냐하면 혼자만 살아간다면 리더십이 아무 영향력도 발휘할 수 없기 때문이다.

권사는 교회의 리더십이다. 구체적으로 말하면 평신도 지도자다. 흔히 리더십, 지도자라고 하면 돈과 권력을 연상하거나 위세 부리는 걸 떠올린다. 그러나 성경적 리더십은 전혀 그렇지 않다. 오히려 정반대라고 할 수 있다.

한국 사회에서 리더십은 권위주의적이고 가부장적이고 계급적으로 해석하는 경향이 강하다. 신분 간의 위계질서가 분명했던 유교 사회의 영향이 그만큼 오래고 질기다는 반증이기도 하다. 유교 사회의 특징은 무엇인가? 한마디로 양반이라는 이유로 노동도 하지 않으면서 돈과 권력을 누리고, 비록 돈과 권력이 없더라도 양반이라는 이유로 위세를 부리는 사회다. 반면 평민이나 천민은 그런 출신이란 이유만으로 출세가 구조적으로 가로막힌 채 가난을 되물림해야 했다. 이런 사회에서 변화나 발전은 마치 쓰레기더미에서 장미꽃이 피기를 기다리는 것만큼이나 부질없는 일이었다.

교회 리더십의 현실

문제는 이러한 유교적 리더십을 교회 안에서도 쉽게 찾아볼 수 있다는 점이다. 나이와 성별, 직분에 따라 서로를 나누고, 상호 소통이 아닌 일방적인 지휘가 만연하다. 그래서 목사의 방침이나 결정이라면 무조건 따라야 하고, 일개 집사의 의견이라면 무시당하는 걸 당연시 여긴다. 사정이 이렇다 보니 목사나 당회에 의한 일방적인 의사 결정이 발생하고, 교인들의 반발과 이탈이 빈번해지는 것이다.

교회 내 이러한 권위주의적이고 일방적인 리더십은 오늘날 교회에 어떤 열매로 나타나고 있을까? 그것은 한마디로 끝 모르는 반목과 분열, 소송 남발, 사회적 지탄, 교인 감소 등이다. 물론 이러한 교회 내 문제의 원인이 어디에 있는지에 대해서는 보는 이에 따라 의견을 달리할 수도 있다. 하지만 대체적으로 잘못된 리더십 문화 때문이라는 점은 부인하기 어렵다.

그렇다면 교회 내 바람직한 리더십은 어떤 것일까? 어떤 자세가 성경적이고 바람직한 리더십이라고 할 수 있을까?

테일러 필드(Taylor Field)의 『거꾸로 된 리더십』이란 재미있는 제목의 책을 보면, 성경이 말하는 리더십의 열 가지 원리로 다음과 같이 제시하고 있다.

- 이끌지 마라
- 결과를 잊으라
- 계획하지 마라
- 작게 생각하라
- 실패자들과 어울리라
- 최첨단을 벗어나라
- 아무것도 하지 말고 그냥 서 있어라
- 상자 안에서 생각하기
- 아무것도 아닌 사람이 되기
- 수치를 감수하라

필드의 열 가지 원리는 마치 한때 신선한 충격을 줬던 거창고등학교의 '직업 선택의 십계'를 연상케 한다.

- 월급이 적은 쪽을 택하라

- 내가 원하는 곳이 아니라 나를 필요로 하는 곳을 택하라
- 승진의 기회가 거의 없는 곳을 택하라
- 모든 조건이 갖추어진 곳을 피하고 처음부터 시작해야 하는 황무지를 택하라
- 앞을 다투어 모여드는 곳은 피하고 아무도 가지 않은 곳을 가라
- 장래성이 없다고 생각되는 곳으로 가라
- 사회적 존경을 바랄 수 없는 곳으로 가라
- 한가운데가 아니라 가장자리로 가라
- 부모나 아내가 결사반대하는 곳이면 틀림없다. 의심치 말고 가라
- 왕관이 아니라 단두대가 기다리는 곳으로 가라

테일러 필드는 "세상의 리더십은 채우는 것이지만 성경의 리더십은 비우는 것이다. 그리스도의 가르침을 따라 위로 올라가는 길 대신, 자신을 비우는 내려가는 길을 가야 한다"며 이것이 바로 '거꾸로 된 리더십(Upside-Down Leadership)'이라고 강조한다.

사실 이것은 거꾸로 된 리더십이 아니라 제대로 된 리더십이다. 왜냐하면 이것이 성경적인 리더십이자 예수님이 몸소 보여주신 리더십이기 때문이다.

너희 안에 이 마음을 품으라 곧 그리스도 예수의 마음이니 그는 근본 하나님의 본체시나 하나님과 동등됨을 취할 것으로 여기지 아니하시고 오

히려 자기를 비워 종의 형체를 가지사 사람들과 같이 되셨고(빌 2:5~7).

디트리히 본회퍼(Dietrich Bonhoeffer), 마하트마 간디(Mahatma Gandhi)가 그런 예수님의 본을 따라갔다. 아브라함, 모세, 다윗, 바울, 스데반 등 수많은 성경의 인물들이 그런 삶을 살았다. 세상 리더십과 성경적 리더십은 여기서 확연한 차이가 드러난다.

세상 리더십과 성경적 리더십, 무엇이 다른가?

세상의 영향력(리더십)은 돈과 권력으로부터 나온다. 물론 간혹 지식과 기술로 영향력을 발휘하는 사람도 있다. 유명 작가나 스티브 잡스(Steve Jobs) 같은 사람이다. 성경적 리더십은 예수님으로부터 나온다. 세상의 리더십은 리더의 이름을 드러내고, 돈과 권력을 자랑하게 된다. 하지만 성경적 리더십은 예수님을 드러낸다. 돈과 권력은 상관이 없거나 부차적인 문제다.

오늘날 교회는 어떤가? 세속화되었다. 교회와 세상이 별로 차이가 없다. 크리스천이나 크리스천 아닌 사람이나 구분이 안 간다. 무엇이 오늘날 교회를 이렇게 만들었을까? 흔히 그 원인을 외부에서 찾기도 한다. 세상 문화가 교회에 들어와서 생긴 현상이기 때문에 세상 문화를 배척하면 된다고 생각한다. 이단이나 교회 비판 세력이 오늘날 교회를 이렇게 영향력 없게 만들었다고 비판하기도 한다. 그래서 이단을 응징하고 교회 비판 세력에 조직적으로 대응하려는 움직임도 있다.

그러나 오늘날 교회가 이렇게 무기력하게 된 원인은 교회 밖이 아니라 내부에 있다. 그것도 교회 리더십의 부재에 있다. 교회 리더의 타락이 가져온 당연한 결과라고 할 수 있다. 그것은 교회의 리더가 예수님이 아닌 자신을 드러내는 데 리더십을 사용했기 때문이다.

성경적 리더십의 모델은 단 한 사람, 성경의 주제이자 교회의 머리이신 예수님이다. 예수님을 따르고, 예수님으로부터 배우고, 예수님을 드러내는 것, 그것이 성경적 리더십의 알파이자 오메가다.

교회 리더들이 흔히 범하는 오류 중 하나가 바로 교회 직분, 사역, 섬김의 신성한 이름으로 자신의 이름을 드러내는 것이다. 겉으로는 경건해 보이고, 성실한 교회 일꾼처럼 보이지만 속내는 자신의 의와 명예를 드러내는 일로 가득 찬 사람이다. 이런 종류의 사람이 바로 예수님이 그토록 혐오하셨던 바리새인, 위선자라고 할 수 있다.

리더십은 칼날에 비유할 수 있다. 그것은 착한 사람에게 들려지면 공동체를 견고하게 세우는 데 둘도 없는 도구가 될 수 있지만, 나쁜 사람에게 들려지면 공동체를 분열시키고 무너뜨리는 데 쓰인다는 것이다.

따라서 내가 권사라면 자신을 점검해봐야 한다. 내가 하고 있는 섬김, 내가 하고 있는 말을 통해 예수님이 드러나고 있는지, 혹시라도 권사라는 이름으로, 교회라는 이름으로, 신앙이라는 이름으로 결국 내 이름을 드러내고 있지는 않은지 말이다.

4 권사는 목회자의 동역자다

　너무나 당연하기에 교회 직분자들이 쉽게 간과하는 것이 있다. 그것은 바로 교회는 주님의 몸이고, 교인들은 모두 지체라는 사실이다. 교회는 목사의 것도 장로의 것도 그렇다고 특정 권사의 소유도 아니다. 교회는 주님의 몸이다. 주님이 머리이시고 모든 교우는 팔, 다리 등 몸의 각 부분이다. 그 모든 것이 합하여 주님의 몸을 이루는 것이다.
　너무나 당연한 사실이지만 실상은 그렇지 못한 경우가 많다. 목사가 교회의 주인이라고 생각하는 것이다. 그래서 많은 교우들은 목사 한 사람에게 교회를 전담하다시피 맡겨놓고 나 몰라라 한다. 목사는 결국 혼자서 끙끙 앓다가 지쳐 쓰러지고 만다. 이런 교회가 제대로 세워져갈 리 만무하다.
　교회의 크고 작은 일을 목사가 거의 전횡하는 경우도 있다. 의사

결정이나 재정 집행 등을 목사가 전적으로 하는 것이다. 작은 교회의 경우는 어쩔 수 없겠지만 중대형 교회에서 이런 일이 있다면 교회는 오래지 않아 분란에 휩싸이게 된다.

오래된 교회이고 담임목사가 부임한 지 얼마 되지 않은 경우는 장로나 권사 몇 사람이 교회를 좌지우지하기도 한다.

우리가 쉽게 간과하는 것

가장 큰 문제는 한 사람 내지는 소수가 교회의 주인 행세를 하는 것이다. 왜 그렇게 됐을까? 한 사람 내지는 소수의 문제가 아니다. 모든 교인들이 '교회는 주님의 몸'이란 사실을 간과했기 때문이다.

그렇다면 주님의 몸 된 교회를 직분자들은 어떤 자세로 세워가야 할 것인가? 우선, 담임목사를 잘 세워줘야 한다. 그 영적 권위를 인정해주고 목사의 목회 방침에 잘 따라야 한다. 내 스타일에 맞지 않는다고 담임목사를 깎아내리고 비아냥대는 것은 결국 몸 된 교회를 무너뜨리는 자해 행위다.

"리더십은 팔로우십이다(Leadership is followship)"란 말이 있다. 좋은 리더는 그냥 되는 게 아니라 좋은 리더를 잘 따라 배우면서 만들어져 간다는 뜻이다. 모세의 시종 여호수아가 그랬고, 엘리야의 제자 엘리사, 예수님의 제자들, 바울의 제자 디모데도 모두 팔로우십을 통해서 리더십을 알아갔던 사람들이다.

자기에게 주어진 직분을 하나님이 주신 것으로 믿고 충성을 다해야 한다. 교회마다 다르긴 하지만 연말마다 새해 직분이나 조직을 발표한다. 그때마다 교인들의 희비가 엇갈린다. 그럴 듯한 조직의 장을 맡게 된 사람은 마치 회사에서 승진이라도 한 것처럼 환호하고, 별로 이름도 없는 조직을 맡게 된 교인은 울상이다. 급기야 담임목사를 비토하거나 아예 토라져서 교회를 등한시하기도 한다.

모두 교회 조직을 세상의 관점에서 보기 때문이다. 세상 조직은 명예와 권력을 얻기 위한 것이지만 교회 직분은 봉사하기 위한 것이다. 좀 더 그럴듯한 직분을 받으면 더 주님을 잘 섬기는 것이고, 그렇지 못한 직분을 받으면 주님을 덜 섬기는 것인가? 주님의 몸 된 교회를 세워간다는 관점에서 본다면 오히려 구석진 곳에서 이름 없이 섬기는 것이 훨씬 중요한 일일 수 있다. 성경도 그것을 언급하고 있다.

> 그뿐 아니라 더 약하게 보이는 몸의 지체가 도리어 요긴하고 우리가 몸의 덜 귀히 여기는 그것들을 더욱 귀한 것들로 입혀 주며 우리의 아름답지 못한 지체는 더욱 아름다운 것을 얻느니라 그런즉 우리의 아름다운 지체는 그럴 필요가 없느니라 오직 하나님이 몸을 고르게 하여 부족한 지체에게 귀중함을 더하사 몸 가운데서 분쟁이 없고 오직 여러 지체가 서로 같이 돌보게 하셨느니라(고전 12:22~25).

직분자는 또한 자기를 잘 다스려야 한다. 교회에서는 충성하지만 가정이나 직장에서는 전혀 본이 되지 못한다면 그가 하는 교회 봉사는 위선적인 것이다. 하나님 보시기에 역겨운 일이라는 것이다. 우리가 놓치지 말아야 할 것은 교회에서 봉사하는 것만 주님께 영광 돌리는 게 아니라 가정에서 남편을 섬기고 아이들을 돌보는 것도, 그리고 직장에서 맡겨진 일을 하는 것도 모두 주님의 영광을 위한 소중한 일이라는 점이다.

나는 어떤 유형의 봉사자인가?

크리스천은 보통 성인이 되면 세 가지 일이 짐처럼 주어진다. 가정과 직장과 교회다. 그 어느 것 하나 소홀히 할 수 없는 영역이지만 흔히 소홀히 하는 경우가 많다. 그리고 그것을 당연시 여기기도 한다. 직장이 바빠서, 교회 사역이 너무 많아서, 애들 챙기느라……. 이런 그럴듯한 핑계로 교회나 가정, 직장 중 한두 가지를 소홀히 하는 것이다. 아무리 바쁘고 일이 많아도 이 세 가지 영역은 어느 하나 소홀히 할 수 없는 것이다. 거기에 긴장이 있고, 고뇌가 있고, 진정한 신앙이 있다.

어느 인터넷 사이트에 '18가지 성도의 봉사 유형'이란 제목으로 재미있는 글이 올라와 있다. 그냥 웃어넘길 만큼의 가벼운 내용이지만 성도들의 유형을 잘 묘사하고 있는 것 같아 그대로 옮겨본다.

1. 먹거리형 : 일할 때는 요리조리 빠지고 먹을 때는 쏜살같은 성도

2. 충성파형 : 끝까지 말없이 봉사하는 성도

3. 자라목형 : 집에서는 기고만장, 교회에서는 움츠러드는 성도

4. 소대장형 : 언제나 선두에서 챙기는 성도

5. 미꾸라지형 : 핑계 대고 잘 빠져나가는 성도

6. 천진난만형 : 순종하며 할 일을 열심히 찾는 성도

7. 주둥아리형 : 입으로만 봉사하는 성도

8. 재수 좋은형 : 빗자루 방금 잡았는데 막 도착한 목사님께 칭찬받는 성도

9. 가정파괴형 : 봉사를 핑계로 가정에 소홀한 성도

10. 사기 진작형 : 일꾼에게 줄 먹거리를 가져오는 성도

11. 뒤로 처져형 : 뒤에 안주하려는 성도

12. 시간망각형 : 시작했다 하면 불기둥의 인도가 필요한 성도

13. 중도하차형 : 중간에 말없이 사라지는 성도

14. 눈 먼 붕어형 : 봉사 현장에 생각 없이 왔다가 항상 걸려드는 성도

15. 마르다형 : 간식과 식사를 준비하여 즐겁게 하는 성도

16. 엔돌핀 공급형 : 일보다 옆에서 즐겁게 웃음을 주는 성도

17. 공구류 상가형 : 필요한 자재, 공구를 챙겨주는 성도

18. 먹을 복 없는 형 : 간식 먹을 때마다 항상 빠지게 되는 성도

그렇다면 나는 어떤 유형의 봉사자일까? 내가 생각할 때 목사의

동역자로 교회를 세워가는 데 꼭 필요한 유형은 충성파형, 소대장형, 천진난만형, 마르다형, 엔돌핀 공급형 등이 아닐까 싶다. 대체로 수고와 노력, 헌신을 쏟는 사람들이다. 굳이 교회가 아니어도 이렇게 자신을 희생하는 사람들을 통해 공동체는 세워져간다.

반면 미꾸라지형, 주둥아리형, 가정파괴형, 뒤로 처져형, 중도하차형은 목회자의 힘을 빼는 사람들이다. 이들의 특징은 교회 분위기를 다운시키고, 결국 교회가 건강하게 세워져가는 걸 방해한다. 자기를 희생하려 하지 않고, 남이 봉사하는 것을 시기하는 사람들이다. 교회로서는 신천지 같은 이단만큼이나 이런 사람들이 경계 대상이다.

권사는 자기 삶의 경영자다

5

　한때 '자기 관리'가 유행한 적이 있다. '자기 관리' 또는 '자기 계발' 서적이 날개 돋힌 듯 팔려나갔다. 요즘은 뜸해졌지만 자기 관리 또는 자기 계발은 그때만이 아니라 지금이나 앞으로도 꼭 필요하다. 직장 생활이나 사업하는 사람만이 아니라 권사에게도 필요한 게 바로 자기 관리다. 권사는 그만큼 해야 할 일이 많고 중대하기 때문이다.

　잠언 31장에는 '현숙한 여인'이 나온다. 요즘 여성들에게서는 보기 힘든, 마치 과거 우리네 어머니들의 모습을 묘사하는 것만 같다. 아침부터 부지런히 집안을 경영하는 여인의 모습이다. 이런 여인을 통해 가정은 부족한 게 없게 되고, 남편은 위엄과 존경을 얻게 되고, 불쌍한 자, 가난한 자까지 돕게 된다는 것이다. 아내의 성실하고 지혜로운 가정 경영으로 말미암아 가정이 번영을 누릴 뿐만 아니라 이웃과 지역에까지 선한 영향력을 끼치게 된다는 것이다.

현숙한 여인

밭을 사도 잘 생각해서 사고 제 손으로 벌어 포도원을 장만한다. 허리를 동인 모습은 힘차고 일하는 두 팔은 억세기만 하다. 머리가 잘 돌아 하는 일마다 잘되고 밤에 등불이 꺼지는 일도 없다. 손수 물레질을 해서 손가락으로 실을 탄다. 불쌍한 사람에게 팔을 벌리고 가난한 사람에게 손을 뻗친다(잠 31:16~20, 현대인의 성경).

이 말씀에는 오해할 만한 부분이 좀 있다. "허리를 동인 모습은 힘차고 일하는 두 팔은 억세기만 하다"는 표현이다. 아마 대부분의 여성들이 이런 모습을 썩 마음 내켜 하진 않을 것이다. 왜냐하면 여성은 날씬하고 연약해야 한다는 고정관념이 우리 사회를 지배하고 있기 때문이다. 이런 여성의 모습은 당시 농경사회에서나 적합하다고 생각할 수도 있겠다. 물론 그렇게 보는 것이 자연스럽다. 우리 어머니들이 그랬던 것처럼 고대 유대의 여성들도 기본적으로는 농경사회의 일꾼으로 밤낮 수고해야 하기 때문이다.

그런데 요즘의 여성들이 농사를 짓는 경우는 드물다 반면에 직장을 다니는 경우는 많다. 통계에 따르면 우리나라 40~50대 가정의 절반 정도가 맞벌이 부부라고 한다. 그만큼 결혼 후에도 직장을 다니는 여성이 많다는 것이다. 이것은 무엇을 의미하는가?

잠언 31장에서 묘사한 그 '현숙한 여인'의 모습과 현대 여성의 모습이 전혀 동떨어진 게 아닌 것이다. 현대 여성은 낮엔 직장을 다녀야 하지만 아침저녁으로 육아와 가사일도 병행해야 한다. 그러면서 주일엔 교회에서 봉사한다. 이미 그 자체가 '슈퍼우먼'임을 증명하는 것이다. 아마 전 세계에서 한국 여성만큼 헌신적인 여성이 또 있을까?

'현숙한 여인'은 또한 잘 가르치며 칭찬을 얻는 자다. 잠언 31장 26절은 "입을 열면 지혜로운 말이 나오고 혀를 놀리면 친절한 가르침이 나온다"라고 말한다. 그냥 일만 잘하는 여성이 아니라 그의 입에서 나오는 말마다 지혜롭고 친절한 교훈들이라는 것이다. 남자든 여자든 이런 사람에겐 저절로 고개를 숙이게 된다. 그리고 더 가까이 따르게 된다.

> 항상 집안 일을 보살피고 놀고 먹는 일 없다. 그래서 아들들이 일어나 찬양하고 남편도 칭찬하기를, '살림 잘하는 여자가 많아도 당신 같은 사람은 없소' 한다(잠 31:27~29, 현대인의 성경).

현대 여성들에겐 일종의 트라우마 같은 게 있다. 그건 "엄마처럼 살지 않을 거야"라는 딸의 말에서 잘 드러난다. 평생 자식 뒷바라지에 남편 수종을 드느라 말년엔 남편 떠나고 몸에 병나고, 그렇게 고생하며 살아봤자 결국 늙으면 비참할 뿐이라는 걸 직접 보고 겪어왔기 때문이다. 그만큼 우리 어머니들은 억척스럽게 가족을 위한 삶을 살아왔다.

그렇다고 그걸 전부 부정하는 것은 도리가 아니다. 그런 어머니들이 있었기에 지금 대한민국 사회를 지탱하고 있는 똑똑하고 멋진 자식들이 존재하는 것이다. 그런 어머니들의 헌신을 자식들은 오히려 자랑스러워하고 존경해야 하는 게 맞지 않을까.

나에게 가정, 직장, 교회가 주어졌다면

어쨌든 현대 여성들도 그런 고생스러운 어머니의 삶을 피해보려 하지만 어느 순간 가정, 직장 두 가지의 무게가 자신을 억누르고 있는 걸 깨닫게 된다. 게다가 신실한 크리스천이라고 한다면 교회 일까지 감당해야 한다. 자신에게 주어진 이 길, 이 삶의 무게를 어떻게 할 것인가? 물론 다른 것들을 포기하고 한 가지에만 전념하는 걸 선택할 수도 있다. 아니면 세 가지를 모두 감당하면서도 한두 가지는 곁다리만 걸치고 있을 수도 있다.

하지만 그것은 자기 복을 걷어차는 격이다. 사람은 누구나 분복(分福)을 가지고 있다. 태어나면서부터 자기에게 주어진 복이다. 그것은 인생의 나이테를 더해가면서 조금씩 늘어나기도 하고 줄어들기도 한다. 지금 나에겐 어떤 분복이 주어져 있는가?

성도들의 교회 생활을 가만히 지켜보면 헌신하는 사람만 헌신하고, 이런저런 이유로 빠지는 사람은 항상 빠진다. 그런데 헌신하는 사람에겐 공통점이 있다. 그것은 시간이 많아서 교회에서 수고하거나 봉사하는 것이 아니라는 점이다. 시간이 남아서 어쩔 수 없이 교회에 와서 봉사한다면 그건 취미생활이다.

교회에서 헌신하는 사람들은 대체로 바쁜 이들이다. 직장 생활 틈틈이 짬을 내 저녁에 와서 주일 준비를 한다. 물론 이런 분들이 가정생활도 결코 소홀히 하지 않는 것은 당연하다. 그래서 내가 얻은 결론은 교회에서 헌신하는 여성은 가정에서나 직장에서도 헌신하기 마련이라는 것이다. 물론 가정에서 헌신하기에 교회나 직장에서 헌신하는 것으로 이해할 수도 있다. 그 순서야 어떻든 가정 따로, 교회 따로, 직장 따로의 '따로 국밥' 신앙생활을 하는 여성들은 거의 보지 못했다.

스티븐 코비(Stephen Covey)의 『성공하는 사람들의 7가지 습관』이란 책에 보면 '자신의 삶을 주도하라', '끝을 생각하고 시작하라'에 이어 세 번째로 '소중한 것을 먼저 하라'고 권면한다. 소중한 것은 곧 우선순위를 말한다. 우선순위는 중요한 것과 긴급한 것으로 구성할 수 있다. 즉 중요하면서도 긴급한 것이 최고 우선순위에 있는 일이고, 중요하지 않으면서 긴급하지 않은 것은 최하 우선순위에 있는 일이라고 할 수 있다. 여기서 중요한 일을 먼저 할 것인지 긴급한 일을 먼저 할 것인지는 가치와 상황에 따라 판단이 필요하다.

자신에게 주어진 모든 일을 한꺼번에 탁월하게 감당할 수 있는 사람은 없다. 하지만 자신에게 주어진 일을 효과적으로 감당할 수는 있다. 그것은 바로 우선순위를 정하는 것이다. 우선순위를 정한다는 것은 덜 중요하고 덜 긴급한 일을 아예 도외시한다는 뜻이 아니다. 잠시 뒤로 미룬다는 의미다. 어떤 일은 당장 달려들지 않아도 시간이 지나면 자동적으로 해결되는 일도 있다.

나는 어떤 사람인가? 할 일이 너무 많아 불평하고 회피하는 사람인가? 그렇다면 나는 자신에게 주어진 분복을 걷어차고 있는 것이다. 자신에게 주어진 분복을 소중하게 가꾸고 키우는 것, 그것이 결국 복과 칭찬을 더하는 일이다. 성경은 그런 여인을 현숙한 여인이라고도 하고 '하나님께 칭찬 듣는 여인'이라고도 칭한다.

> 아름다운 용모는 잠깐 있다 스러지지만 야훼를 경외하는 여인은 칭찬을 듣는다(잠 31:30, 현대인의 성경).

권사에게 가정, 교회와 더불어 직장까지 주어졌다면 그만큼 많은 분깃을 받은 것으로 여겨야 한다. 혹시나 가정과 교회만 주어졌다면 그 두 가지가 자신에게 주어진 것으로 믿고 소중하게 가꿔야 한다. 만약 가정도 직장도 없고 그저 교회만 있다면 이는 '오직 교회에만 충성하라'는 하나님의 뜻으로 받아들이고 그 한 가지에 자신을 바쳐야 한다. 하나님은 이렇게 작은 일에 충성하는 자를 찾고 계신다. 그리고 그런 자에게 당신의 나라를 맡기겠다고 하신다.

6
권사는 지역사회의 빛과 소금이다

권사는 지역사회를 샅샅이 잘 안다. 옆집에 가족 중 누가 아프다더라, 누구네 친척이 사업에 크게 성공했다더라, 누구네는 말 못할 고민이 있다더라 등 비록 들은 말이기는 하지만 사실에서 크게 어긋나지 않은 알짜 정보를 꿰고 있다. 심지어 과거엔 옆집 숟가락 개수까지도 알고 있다고 하지 않았는가. 그만큼 여성인 권사는 지역사회에 영향력을 가지고 있다. 아는 만큼 행동으로 나타나기 때문이다.

우리 안의 양 우리 밖의 양

권사 중에는 교회 일도 벅찬데 굳이 지역사회까지 관심을 가져야 하느냐고 반문하는 이가 있을지도 모르겠다. 그러나 그렇지 않다. 예수님은 "나는 선한 목자라 나는 내 양을 알고 양도 나를 아는 것이 아버지께서 나를 아시고 내가 아버지를 아는 것 같으니 나는 양을 위하여 목숨을 버리노라"(요 10:14~15)고 말씀하신 뒤 곧바로 이런 말씀을 하셨다. "또 이 우리에 들지 아니한 다른 양들이 내게 있어 내가 인도하여야 할 터이니 그들도 내 음성을 듣고 한 무리가 되어 한 목자에게 있으리라"(요 10:16).

우리 안의 양도 양이지만 우리 바깥의 양도 목자가 돌봐야 할 양이라는 말씀이다. 예수님의 관심은 교회에 몸담고 있는 성도들뿐만 아니라 교회에 다니지 않고 세상에서 방황하는 사람들에게도 관심이 많으시다. 아니 어쩌면 예수님은 우리 밖의 양들에게 더 큰 관심을 가지고 계신지도 모른다. 예수님이 친히 말씀하신 잃은 양 비유가 그것을 말해주고 있다.

하나님은 인류 구원, 우주 구원의 계획을 가지고 예수님을 이 땅에 보내셨고, 우리를 구원해주신 걸 안다면 우리의 관심도 당연히 우리 밖의 양들에게 향하는 것이 당연하다. 실제 우리 주위엔 자신이 속한 지역에서 우리 밖의 양들을 위해 헌신적으로 자신을 바친 여성들이 많다.

문준경이라는 여전도사가 있다. 1891년 전남 신안군에서 태어난 그녀는 당시 여성들이 인간 대접을 제대로 받을 수 없었듯이 한글을 배우지 못했다. 17세에 시집을 갔지만 남편은 아내인 그녀를 거들떠보지도 않고 첩과 살았다. 20년을 생과부로 보낸 것이다.

다행히 그녀를 불쌍히 여긴 시아버지가 한글을 가르쳐줬고, 시아버지가 돌아가시자 목포로 나와 삯바느질을 하며 생계를 유지하다가 한 전도자로부터 복음을 접하게 되었다. 그때부터 목포 북교동교회에 출석하며 1년 만에 집사가 되었다. 하나님의 자녀가 된 감격으로 친정에 가서 복음을 전했지만 돌아온 것은 냉대와 핍박뿐이었다.

문준경기념사업회에 따르면, 문준경은 상경하여 신학교에 입학해 졸업하기까지 6년 동안 도서 지방 순회전도사로 지냈다. 특히 첫 전도지로 신안군을 택했다. 비록 남편은 자신을 버렸지만 하나님의 자녀가 된 자신은 남편을 사랑해야 한다는, 복음이 변화시킨 사랑의 자세였다.

그녀는 신안군의 773개 섬 중 122개 섬을 찾아다니며 복음을 전했다. 1년에 평균 아홉 켤레의 고무신이 닳았을 정도라고 한다. 그의 전도는 말로만 하는 것이 아니었다. 지금도 농촌 오지는 그렇지만 당시 섬마을 사람들의 생활상은 이루 말할 수 없을 정도로 고생에 찌든 것이었다. 그들의 이야기를 들으며 그들과 함께 울고, 전염병으로 죽은 사람을 염해주고, 아픈 사람이 있으면 의사는 아니지만 주물러주고 기도해주고, 쌀이 없는 사람이 있으면 쌀 많은 집에서 퍼다가 공급해주고, 한마디로 섬사람들의 수발꾼, 심부름꾼으로 불렸다고 한다. 천성적으로 베풀기를 좋아하는 성격이어서 자신이 신던 버선까지 벗어주는 일이 다반사였다고 한다.

한국전쟁의 폭풍우는 서해의 섬 신안군도 휩쓸고 말았다. 문 전도사는 폭도들로부터 '새끼를 많이 깐 씨암탉'이란 명목으로 고발당해 마침내 목포에서 순교를 당하기에 이른다.

생전 그녀가 목회했던 교회를 통해 한국교회를 이끈 굵직한 목회자들이 배출되었다. 그리고 신안은 전국에서 복음화율 1위라는 영광스러운 지역이 되었다. 한 사람의 여성이 지역 전체를 어떻게 바꿀 수 있는지를 보여주는 산증인인 셈이다.

문 전도사와는 성향이 완전히 다르면서도 수많은 사람들에게 영향을 끼친 조용하신 권사님도 계시다. 고 이순임 권사. 그녀는 1925년 남원에서 태어났지만 가족들이 소록도로 이주하면서 어려서부터 한센병 환자들과 함께 살았다. 나중엔 한센병 환자를 돌보기 위해 간호사가 되어 평생 환자들 곁을 지켰다.

이순임 권사는 손양원 목사의 삶과 신앙이 배인 애양원의 작은 집에서 평생을 지냈다. 2000년 눈을 감는 그날까지 거동이 불편한 한센병 환자들의 손과 발이 되어주기 위해서다. 그녀는 한센병 환자들뿐만 아니라 그곳을 찾는 수많은 사람들의 어머니이기도 했다.

평소 그녀의 작은 집엔 청년, 목회자 등 수많은 사람들이 방문했다. 그럴 때면 닭장에서 닭을 잡거나 밭에서 고구마, 감자를 아낌없이 캐내왔다. 그리고 자신을 찾는 사람들에게 그녀는 섬기는 삶을 살아야 한다고 반복해서 강조했다고 한다. 마르다처럼 부지런히 열심을 다해 섬기되 마음만큼은 마리아처럼 주님을, 하나님 말씀을 사모하라는 것이었다. 그녀는 마르다처럼 섬기는 삶이 어떤 것인지, 마리아처럼 주님을 사모하는 삶이 어떤 것인지를 백 마디 말보다 더 귀한 자신의 삶으로 보여주었다.

그녀가 조용히 눈을 감았을 때 그녀의 집을 찾았던 사람들은 깜짝 놀랐다. 남은 재산이라고는 손바닥만 한 방 하나, 그리고 작은 마당, 감나무, 그리고 닭 몇 마리가 전부였기 때문이다.

문준경 전도사·이순임 권사처럼

사람들은 지역사회를 섬긴다고 하면 거창하게 생각하는 경향이 있다. 성격이 활발해야 하고, 발도 넓어야 하고, 재력도 있어야 하지 않느냐는 것이다. 그러나 섬김에 있어서 그런 것은 전혀 필요치 않다. 주님을 사랑하고, 그 사랑의 마음으로 내 이웃을 품을 수 있다면 누구나 지역사회를 훌륭하게 섬길 수 있다.

요즘은 교회를 제 발로 찾는 불신자들을 찾아보기 어렵다. 그만큼 교회에 대한 불신이 만연해 있기 때문이다. 불신자들이 스스로 교회를 찾지 않는다면 방법은 단 하나다. 크리스천이 불신자를 찾아가는 것이다. 그 방법은 여러 가지일 것이다. 전도지나 커피를 나눠주며 다가가는 전통적인 방법도 있을 것이고, 아니면 바자회나 생협 등을 통해 지역 주민과 원원하는 방식으로 찾아갈 수도 있을 것이다.

어느 것이 옳고 그르다고 할 수는 없다. 각 지역, 주민들의 형편을 먼저 헤아리는 게 중요하다. 주민들을 사랑하는 마음만 품는다면 방법은 전혀 걱정할 게 못 된다. 왜냐하면 사람들의 형편을 보고 들으면 자연스럽게 방법은 나오기 때문이다. 문준경 전도사가 섬사람들의 형편에 맞게 의사가 되어주고, 끼니를 해결하지 못하는 사람에게는 쌀을 공급해주고, 일손이 부족한 사람에게는 심부름꾼이 되어줬던 것처럼, 그리고 이순임 권사가 신앙의 본질을 직접 확인해보고 싶어 하는 이 젊은이들과 목회자들에게 사랑과 섬김으로 산 증인이 되었던 것처럼 말이다.

절은 깊고 조용한 산속에 있지만 교회는 시끄럽고 번잡한 동네에 있다. 이유는 자명하다. 사람들 속에서 사람들의 눈물을 닦아주고, 그들의 목소리가 되어주라는 것이다. 목자가 양떼를 대하듯 우리 밖의 양들을 돌보고 보호하고 먹이라는 강력한 메시지가 거기에 담겨 있는 것이다.

권사는 누구보다 지역사회를 섬기는 일을 잘할 수 있다. 어쩌면 그 일을 위해 재능을 타고났는지도 모른다. 권사는 우리 밖 양들의 섬김이다. 지역사회의 빛과 소금이다.

권사는 기도의 어머니다

7

복음 전도 초창기 한국은 선교사들에게 '사마리아' 같은 변방이었다. 선교사들에게 '예루살렘'은 중국이고 일본이었다. 그만큼 한국은 작고 보잘것없는 나라였다. 그런 나라가 복음 전도 100년을 넘기면서 세계가 주목하는 기적과 부흥을 일으킬 수 있었던 데는 여러 요인들이 있었겠지만, 그 8할은 교회 내 이름 없는 여성들의 기도와 봉사라고 생각한다. 물론 유명하고 능력 있는 선교사나 목회자의 활약도 대단했지만 그래봤자 10할 중 2할 정도 되지 않을까 싶다.

그런데 요즘 한국교회의 현주소는 어떤가? 교회 문제가 사회문제가 되면서 한국교회의 신뢰도는 곤두박질치고 있다. 그 원인에 대한 여러 진단들도 속속 등장한다. 목회자 개인의 분발에서부터 교회 내 민주적인 시스템 정착까지, 거기다 교회 간 연합을 통한 공공성 회복을 주장하는 목소리도 자주 들린다. 이런 진단들이 신선하게 와 닿지 않는 이유는 이미 반복해서 제기해왔던 것도 있지만 너무나 당연한 목소리이기 때문이다.

너무나 당연하다는 것은 둘 중 하나다. 실천을 하지 않았거나 잔소리이거나, 실천을 하지 않았다면 지금이라도 행동으로 옮기면 된다. 그런데 행동으로 옮길 기미가 조금도 보이질 않는다. 관심이나 의지 자체가 별로 없기 때문인 것 같다. 잔소리라면 어떤가? 하나 마나 한 소리다. 듣는 사람에게 아무런 도움도 영향도 주지 못한다는 말이다.

그래서 나는 방향과 방법을 좀 달리 해보고 싶다. 누구를 비난하거나 누군가에게 책임을 돌리는 것은 반발이나 거부 반응을 불러일으킬 수 있다. 거창한 구호나 캐치프레이즈도 마찬가지다. 모두가 해당되는 좋은 일이지만 실제로는 아무도 참여하지 않을 가능성이 많다. 거창한 구호나 캐치프레이즈를 접하는 사람은 '내 일'이 아니라고 생각하기 때문이다.

반면, 거창하고 본질적인 일에 '나'를 연결시키면 행동이 일어난다. 그게 바로 한국교회 부흥의 주역들인 교회 내 여성, 권사들이라고 생각한다. 권사들의 역할을 재조명하고 각성할 수 있다면 지금 한국교회가 겪고 있는 무수한 아픔을 딛고 다시 일어나게 하는 원동력이 될 것이기 때문이다.

누가 진짜 행복한 사람인가?

요즘 '행복'을 찾는 사람들이 많다. 행복을 찾아서 재테크를 하기도 하고, 자기를 찾아 떠나는 여행을 감행하기도 한다. 물론 그런 데서도 약간의 행복은 발견할 수 있다. 돈이 없어서 곤궁한 것보다는 넉넉해서 남을 도우며 살 수 있다면 훨씬 가치 있는 삶이 될 것이다. 스스로 무엇을 위해 사는지도 모른 채 정신없이 살고 있는 사람들이 자신의 인생 목적을 알고 살아갈 수 있다면 훨씬 의미 있는 삶을 살 수 있을 것이다.

하지만 나는 기도하는 사람보다 더 행복한 사람은 아직 보지 못했다. 왜 그럴까? 기도하는 사람에겐 공통점이 있다. 얼굴이 빛난다는 것이다. 그 사람의 마음속에 하나님과의 깊은 만남이 있고, 하나님 나라가 그 안에서 이루어졌기 때문에 얼굴이 신비한 빛을 내뿜는 것이다. 기도 많이 하는 사람 중에 형편이 넉넉한 사람을 보지 못했다. 어쩌면 형편이 넉넉지 못하기에 하나님을 의지하며 더 기도에 매달리는지도 모른다.

하지만 그들이 부자도 하지 못하는 일을 감당하는 걸 자주 봤다. 자신보다 처지가 어려운 사람들을 위해 기도하다 보니 하나님이 주신 마음을 따라 형편이 어려운 사람들을 돕는 것이다. 중보에서 시작한 기도가 어느새 힘든 사람들의 위로가 되어 있는 것이다. 그렇게 해서 목회자나 교인들로부터 존경을 한 몸에 받는 권사들이 많다.

권사는 기도하는 사람이다. 그래서 '권사' 하면 '기도의 어머니'란 수식어가 자연스럽게 따라붙는 것이리라. 어머니의 기도를 통해 자녀가 변화되고 교회가 부흥한 사례는 셀 수 없이 많다. 자녀의 변화, 교회의 부흥을 바란다면 어머니인 권사들이 먼저 기도해야 한다. 그것이 정답이다.

오래 전 분당우리교회의 이찬수 목사님이 간증하시는 걸 들어본 적이 있다. "대부분의 어머니들이 그러셨던 것처럼 우리 어머니도 가난한 동네의 평범한 여인에 불과하셨습니다. 어머니는 잔소리가 많으신 분도 아니셨습니다. 그런데 나는 왜 그런 어머니의 영향력 아래 놓일 수밖에 없었을까요? 지금도 기억에 선명한 몇몇 장면이 있습니다. 새벽에 화장실에 가려고 나가다 보면 안방에서 이상한 소리가 들렸습니다. 깜짝 놀라 문을 살짝 열어보면 새벽 4시쯤 되는 그 이른 시간에 어머니가 담요를 둘러쓰고 기도하고 계셨습니다. 무슨 소린지도 알 수 없는 불분명한 발음 속에서도 또렷하게 반복되는 단어가 있었습니다. '찬수'였습니다. 아무리 철없는 중학생이라 하더라도 그것이 어떤 상황인지 알 수 있었습니다."

이찬수 목사님은 새벽마다 자신을 위해 기도하시는 어머니의 기도 소리를 들으며 자신을 절제하고, 자기 인생의 본질, 그러니까 하나님의 부르심을 향해 매진할 수 있었다는 것이다. 그는 또 이렇게 고백한다. "목회를 하면서 성도들의 기도와 격려도 큰 힘이 되었지만, 무엇보다 나를 위해 기도하신 어머니를 실망시키는 자식이 되고 싶지 않다는 생각이 가장 컸습니다."

가난하고 평범했던 한 어머니의 기도가 오늘 한국의 자랑스러운 교회가 있게 한 원동력이 되었던 것이다. 위대한 사람, 위대한 교회는 그냥 되는 법이 없다. 거기엔 반드시 어머니의 기도, 어머니의 희생이 짙게 배어 있다.

강하기 때문에 기도하는 게 아니라 기도하기에 강한 것

강하기 때문에 기도하는 것이 아니라 기도하므로 강하게 되는 것이다. 무수한 인생의 난관을 뚫고 변함없이 가정과 교회를 섬기는 권사의 공통점은 기도다. 크고 작은 고난 앞에서 끊임없이 하나님의 도움을 구하는 과정은 또한 자신을 내려놓는 과정이기도 하다. 자신의 문제로 시작한 기도는 어느새 자신을 넘어 이웃의 어려움, 나라의 문제, 나아가 하나님의 뜻과 영광에까지 이른다. 그렇기에 기도는 나를 바꾸는 하나님의 작업인 것이다. 그래서 기도하는 사람은 강하다.

그 어머니들의 기도 소리가 잦아들기 시작한 것은 경제적으로 윤택해진 이후다. 경제 성장과 교회 부흥은 반비례한다는 말이 그래서 예사롭게 들리지 않는다. 더 이상 하나님을 찾지 않아도 될 만큼 가진 것이 많고 스스로 할 수 있는 일이 많기에 기도 시간은 줄어들고, 밤과 새벽을 깨우던 열심은 차갑게 식어버렸다.

요즘 초중고 자녀들은 게임중독에, 학원에 이래저래 시달린다.

그런 자녀들의 눈치를 보며 엄마는 엄마대로 마음고생을 한다. 겨우 괜찮은 대학에 가도 취업이라는 장벽에 부딪친다. 취업이 되어서도 언제 잘릴지 불안하긴 마찬가지다. 취업이 안 되면 안 돼서 불안하고, 취업이 되고 나면 승진에 대한 불안이 엄습한다. 뭔가 잘못된 것 아닌가? 누군가 나서서 이 불합리한 반복을, 풋대 없는 달음박질을 지적하거나 뜯어말려야 하지 않는가?

예레미야의 탄식과 눈물을 우린 알고 있다. 그는 왜 이스라엘(유다) 백성들을 보며 탄식하고 울어야 했을까? 바로 영적 기갈 때문이었다. 물질적인 가난 때문이 아니었다. 예레미야는 백성들이 하나님을 제대로 모른 채, 바벨론 포로로 잡혀갈 상황을 앞에 두고서도 우상 숭배, 물질 숭배의 죄악을 깨닫지 못하는 유다 백성들의 영적 기갈을 보며 탄식했던 것이다.

누가 어떻게 한국교회를 일깨울 수 있을까? 누가 한국교회를 바꿔놓을 수 있을까? 나는 기도하는 어머니들, 기도를 숙명처럼 짊어진 한국교회의 권사들이 그 역할을 해야 하고, 또 할 수 있다고 믿는다.

권사는 민족의 중보자다

8

　권사를 '교회의 어머니'라고 부르는 것은 나이 때문이 아니다. 권위 때문이다. 그 권위는 기도에서 나온다. 권사는 뭐니 뭐니 해도 기도하는 사람이다. 목사도 장로도 집사도 기도하지만 특히 권사의 기도는 힘이 있다. 왜 그럴까? 하나님은 모든 사람을 사랑하시지만 유독 약한 자의 목소리에 더 귀를 기울이신다. 새벽기도를 보면 교회의 여성인 권사들이 대부분이다. 그들의 기도는 점잖은 장로들과 다르다. 목소리로, 눈물로, 울부짖음으로 기도가 아니라 하나님께 호소를 한다. 그 기도 소리를 들으시는 하나님의 마음도 아마 먹먹해지실 것이다. 그렇기에 권사의 기도는 응답이 빠르고 힘이 있다.

　그 기도는 신변잡기와는 다르다. 일용할 양식, 가족들을 위한 기도를 하지 말라는 얘기는 아니다. 자신과 가족을 위한 기도와 함께 권사라면 빼먹지 말아야 할, 하나님이 인도하시는 기도가 있다. 바로 나라와 민족을 위한 기도다. 나라와 민족이 없이는 교회도 있을 수가 없다. 하나님은 우주적으로 일하시지만 나라와 민족을 통해서도 일하신다. 그렇기 때문에 나라와 민족을 위한 기도는 크리스천의 본질에 속하는 일이기도 하다.

공동예배 시간에도 어김없이 등장하는 게 나라와 민족을 위한 기도다. 그것이 신앙의 본질, 하나님의 관심이기 때문이다. 성경에는 개인의 기도와 헌신이 민족을 살리는 열매로 귀결된 경우가 많다. 아브라함의 아내 사라가 그랬고, 사무엘의 어머니 한나가 그랬다. 절체절명의 유다 민족을 구한 에스더의 기도와 헌신도 그랬다.

우리의 교회, 우리의 산하 곳곳에도 여인들의 기도와 헌신이 배어 있다. 일제 강점기에는 애굽 같은 일본의 압제에서 출애굽의 해방을 달라고 밤낮으로 기도했고, 남북 분단의 시대에는 남북의 화해와 통일을 위해 부르짖었다. 뿐만 아니라 국가적인 위기 때마다 여인들은 누가 시키지 않아도 가슴속이 불붙는 듯 민족의 죄를 자신의 죄로 여기며 통곡하고 회개했다. 어쩌면 남성이 느끼지 못하는 특유의 모성이 그런 기도를 가능케 했는지 모를 일이다.

천보산민족기도원을 설립한 우정재 권사는 일제 강점기와 해방, 6·25를 겪으면서 '민족'이란 단어가 자신에게 운명과 같이 와 닿았다고 고백한다. 아마 그 시절을 겪어야 했던 모든 크리스천의 고백이기도 할 것이다. 우 권사는 서울에서 교회 사역을 오랫동안 하다가 1994년 민족과 영혼 구원이라는 두 가지 소명을 따라 천보산민족기도원을 시작했다. 이 기도원에서는 지금도 매일 민족의 영적인 부흥을 위한 집회가 열린다.

탤런트 정영숙 권사는 고향이 평안북도 선천이다. 정 권사에게도 민족을 향한 중보는 소명 같은 일이다. 몇몇 권사들이 1980년대부터 매달 한 차례씩 모여 나라와 민족을 위한 기도를 시작했다. 나중엔 임진각 철책선이나 민통선 안 통일촌, 판문점 대성동에서도 기도했다. 그 기도의 시간들이 쌓이면서 소떼가 북으로 가고, 남북 정상이 만나는 도저히 불가능할 것 같았던 화해의 사건들이 있어 왔다는 게 정 권사의 고백이다.

"우리는 혈육을 같이하는 내 동족을 위해서라면 예수 그리스도에게서 떨어져나갈지라도 한이 없겠다고 말한 사도 바울의 심정을 가져야 할 것입니다. 통일이 되면 동북아 시대에 우리 민족이 제사장 나라가 될 것이라는 비전과 믿음으로 작디작은 우리의 일상을 박차고 하나님 나라와 민족을 위한 중보에 나서야 합니다."

우리 민족의 역사는 고난으로 점철되어 있다. 멀리는 삼국 시대, 조선 시대, 가까이는 일제 강점기와 남북 분단, 현대사까지 그 어느 민족을 비교해보더라도 우리 민족만큼 고난을 많이 겪은 민족도 드물 것이다. 그래서 고난을 당한 사람이라야 그 고난의 눈으로 우리 민족의 역사를 제대로 볼 수 있다. 나는 여성, 아니면 여성의 마음을 가진 사람이라야 민족 역사의 의미를 제대로 헤아릴 수 있을 것이라 생각한다.

두 아들을 죽인 공산주의자를 양아들로 삼고, 평생 고아들을 돌본 성자 손양원 목사의 딸 손동희 권사의 삶도 고난으로 점철된 것이었다. 중학교 때 겪은 두 오빠의 죽음도 슬프고 당황스러웠지만 느닷없이 오빠를 죽인 살인자를 양아들로 삼겠다는 아버지의 행동은 분노마저 갖게 했다. 그것이 손 권사에겐 평생의 짐이자 숙제였다.

몇 년 전 그런 손 권사가 이제는 목사가 된 그 양아들의 아들(안경선 목사)과 재회하는 기사를 본 적이 있다. 그 자리에서 손 권사는 이런 고백을 했다. "성경은 '네 이웃을 네 몸과 같이 사랑하라'고 말하지만 여든 살이 넘은 나조차도 아직 그렇게 못하고 살아요. 인간이니까요. 그래서 매일 회개합니다. 하늘나라로 간 오빠에 대한 그리움은 지금도 남아 있어요. 용서하고 화해하는 것도 하루아침에 이루어지긴 힘든 것 같아요. 결코 쉬운 일이 아니거든요. 저로서는 하나님의 도움 없이는 불가능하다고 생각해요."

손 권사와 안 목사는 간증자리에 나란히 설 때가 있다. 놀라운 것은 그때마다 용서와 치유의 역사가 일어난다는 것이다. 안 목사의 얘기다. "손 권사님과 제가 차례로 간증을 했습니다. 행사가 끝난 뒤 50대 중반의 남자 성도가 다가와 내 손을 붙잡고 울기 시작했습니다. 헬기 조종사인 자기 아들이 산업재해로 추락해 죽었는데, 그동안 회사 사장을 원망해왔다고 하더라고요. 기독교인이지만 5년이 되도록 용서가 안 된다면서요. 그런데 그날 간증을 듣고 '다시 한 번 용서해보겠다'고 얘기하더라고요."

예수님은 "원수를 사랑하라"고 말씀하셨지만 원수 사랑이 말처럼 쉬운 일은 아니다. 특히 자신의 가족을 죽인 원수를 사랑한다는 것은 어떻게 보면 인간적으로는 불가능한 일이다. 그래서 자신의 두 아들을 죽인 '원수'를 양자로 삼은 손양원 목사님이 '성자'로 추앙받는 것이고, 그 '원수'를 그렇게 용서한 아버지를 평생 용서하기 힘들어 고뇌하는 딸도 우리는 이해하는 것이다. 그렇지만 놀라운 것은 그 고난과 고통의 과정들은 수많은 사람들을 용서하고 치유하는 힘을 준다는 사실이다.

한동대 초대 총장 김영길 박사의 부인 김영애 권사 이야기도 마찬가지다. 평생 온실 속 화초처럼 곱게 자라온 김 권사가 김영길 박사를 만나 결혼하고 한동대 설립에 참여하면서 고난의 삶은 시작되었다. 돈은 없고 심지어 남편 김영길 총장마저 구속되는 사태로 이어지면서 한동대 개교 후 7년간은 그야말로 극심한 고난의 터널이었다는 것이다. 김 권사는 여기서 고난의 역설을 경험한다. 고난을 통해 어떤 소리에도 마음을 뺏기지 않고 하나님만 바라보는 걸 터득할 수 있었다는 것이다.

어느 인터뷰에서 김 권사는 그때의 심정을 이렇게 고백했다. "감히 말하자면 고난은 하나님이 우리에게 주신 '변장한 축복'이 아닐까 생각됩니다. 우리는 변장한 모습만 보고 기겁하지만, 변장한 것을 벗겨버린 후 하나님이 우리에게 안겨주는 복은 우리가 상상하지 못한 것 아닙니까? 예전에는 억울한 누명으로 옥에 갇힌 요셉, 사자 굴에 들어가는 다니엘의 고난을 입체적으로 경험하지 못했습니다. 하지만 지금은 그들의 깊은 곳에서 흘러나오는 한숨을 느낄 수 있을 것 같습니다."

이 나라에서 여인은 여전히 약자다. 남녀평등 시대, 여성 상위 시대 등의 말을 하지만 여전히 이 땅에서 여성은 약자다. 여성을 향해 벌어지는 백주대낮의 폭행, 성범죄, 각종 차별 기사들은 오늘날 이 땅의 여성들의 현주소를 그대로 보여준다.

그러나 기도하는 여성, 민족을 품은 권사는 결코 약하지 않다. "기도하는 한 사람이 기도하지 않는 한 민족보다 강하다"는 말이 있지 않은가.

권사는 위로자다

9

크리스천이 흔히 하는 착각이 하나 있다. 교회는 구원받은 사람들의 모임이기 때문에 교회 다니는 사람은 영적으로나 인격으로나 모든 면이 온전할 거라는 것 말이다. 이거야말로 큰 착각이다. 오히려 그 반대라고 할 수 있다. 교회 다니는 사람들 중에 온전치 못한 사람들이 많다는 것이다. 왜 그럴까?

그것은 연약함과 관련이 있다. 인간은 평소에는 강한 척하지만 병이나 사고를 당하면 한없이 약해진다. 그런 병이나 사고를 계기로 가족이나 친지, 지인의 전도를 받고 교회로 나온 사람들이 주위엔 많다. 그 계기 속엔 사람들로부터 받은 상처, 내면의 아픔들도 있다. 그냥 멀쩡한 상태에서 교회로 안내받는 경우는 오히려 드물다.

이렇게 다니기 시작한 교회 안에서도 상처를 주고받는다. 목회자와 교인이 상처를 주고받기도 하고, 교인끼리 서로 상처를 주고받는 경우도 있다. 상처를 때문에 교회를 다니기 시작했는데 교회에서도 상처를 받는 것이다. 그렇다면 다시 교회를 떠나야 할까? 그럴 수는 없다. 구원의 방주인 교회를 떠나서 우리가 어디로 간단 말인가. 그러면 어떻게 해야 할까? 그 상처받은 사람들 틈에서 그들과 함께 공동체를 이루는 수밖에 없다. 그것이 교회의 존재 이유이고 본질이기 때문이다.

예수님은 우리의 죄를 용서하셨다. 그리고 하나님의 자녀가 되게 하셨다. 그렇게 시작된 구원의 여정에서 하나님은 무수한 약속들을 당신의 자녀들에게 해주신다. 말씀을 순종하면 복을 받고, 형통하게 되고, 온전케 되고 범사가 잘 되는 축복을 받는다는 것이다. 물론 지극히 옳은 말씀이다. 그래서 착각을 한다. 예수님을 믿으면 강하게 되고, 부자가 되고, 약하고 병들고 가난하게 되는 것은 하나님을 잘못 믿었거나 하나님의 저주를 받아서 그렇다고 말이다. 그런 논리라면 예수를 믿지만 여전히 질병 속에 있는 사람들, 가난 속에 있는 사람들을 어떻게 봐야 하는가? 또 예수를 믿는다고 알려진 정치인이나 연예인들이 비리와 불법으로 뉴스의 조명을 받는 것은 또 어떻게 볼 것인가?

마태복음 8장 17절엔 예수님이 우리의 연약함과 질병을 대신 담당하신다고 고백하고 있다.

이는 선지자 이사야를 통하여 하신 말씀에 우리의 연약한 것을 친히 담당하시고 병을 짊어지셨도다 함을 이루려 하심이더라.

그리고 그 근거가 되는 이사야서는 "그는 주 앞에서 자라나기를 연한 순 같고 마른 땅에서 나온 뿌리 같아서 고운 모양도 없고 풍채도 없은즉 우리가 보기에 흠모할 만한 아름다운 것이 없도다 그는 멸시를 받아 사람들에게 버림받았으며 간고를 많이 겪었으며 질고를 아는 자라 마치 사람들이 그에게서 얼굴을 가리는 것같이 멸시를 당하였고 우리도 그를 귀히 여기지 아니하였도다"(사 53:2~3)라고 기록하고 있다.

하나님의 아들이신 예수님의 외모, 그 당한 수모에 대한 적나라한 기록이다. 우리가 흠모할 아무런 멋진 것도 없고, 무시당하고 멸시받은 모습이다. 예수님만이 아니다. 사도 바울도 자신의 능력이 약한 데서 온전해진다는 걸 깨닫고 자신이 당하는 능욕, 궁핍, 박해, 곤고를 오히려 기뻐했다(고후 12:9~10).

우리가 생각하기에 못나고 부족하고 볼품없고 약하고 매력 없는 그런 것들이 하나님의 관심이고, 하나님의 능력과 사랑을 나타내는 통로일 가능성이 높다는 것이다. 만약 이게 사실이라면 세상을 보는, 교회를 보는, 그리고 나 자신을 보는 관점이 달라져야 한다.

세상에서 성공한 사람, 유명한 사람을 흠모하며 열광할 이유가 없다. 오히려 이름 없이 변두리에서 조용히 눈물 흘리며 살아가는 사람들에게 우리의 마음이 가 있어야 한다. 교회에서도 마찬가지다. "왜 교회 안에 이렇게 상처받은 사람이 많냐?"고 불평할 게 아니라 그 상처받은 사람들의 목소리에 귀 기울이고 그들을 위로해서 다시 회복하고 일어서도록 돕는 것, 그것이 교회에 그토록 상처받은 사람을 많이 두신 이유일 것이다.

나 자신을 향해서도 마찬가지다. 사람들은 누구나 다 가면을 쓰고 산다. 고상하고 유명한 사람일수록 더 그렇다. 그러나 자신이 겉으로 드러나는 것과 달리 얼마나 두려움이 많고, 이중적이고, 죄책감에 시달리고, 도망가고 싶어 하는지, 얼마나 약한 존재인지 자신만은 똑똑히 알고 있다. 하지만 사람들을 만나고, 사회의 조명을 받을 땐 그런 것들을 다 숨겨야만 한다. 그러니 괴로울 수밖에 없다. 복음은 그 가면을 벗게 만들고 진실한 자아를 되찾아준다. 벌거벗은 자아의 실체를 보게 하고, 그것을 통해 하나님과 대면하게 한다. 그래서 자유와 행복을 누린다. 그래서 복음인 것이다.

그렇다면 어떻게 위로할 것인가? 어떻게 상처받은 사람들을 대할 것인가?

교인들을 상담할 때 종종 범하는 실수가 있다. 정서적인 문제로 고통당하는 사람에게 흔히 "기도를 제대로 안 해서 그래", "믿음이 부족해서 그래" 하면서 문제의 원인을 믿음 부족에서 찾는 것이다. 물론 어떤 경우는 믿음과 기도가 부족해서 생기는 문제도 있다. 그러나 그렇지 않은 경우도 있다.

즉, 믿음과 기도의 문제가 아니라 과거 그 사람이 경험한 특별한 것들이 수십 년이 지난 지금까지도 몸과 마음에 영향을 끼친 경우다. 그런 경우에는 믿음과 기도가 아니라 전문적인 상담이나 치료를 통해서 치유에 이를 수 있다.

그리고 그 어떤 경우에도 예수님이 나의 연약함, 나 자신도 잘 알지 못하는 나의 문제까지도 다 아시고 이해하신다는 사실을 명심해야 한다. 그것이 예수님에 대한 믿음이다.

데이비드 씨맨즈(David A. Seamands)는 『상한 감정의 치유』라는 책에서 "만약 예수님께서 단지 우리의 연약함에 대한 사실만 이해하신다 해도 나쁘지는 않을 것이다. 그러나 우리에게 더 좋은 소식은 그가 우리의 연약한 감정까지 이해하신다는 사실이다. 단순히 불구의 상태, 나약함, 정서적인 문제들, 그리고 내적 갈등뿐만 아니라 그것들로 인한 아픔까지도 이해하신다는 것이다. 그는 좌절감, 근심, 우울한 감정, 상처, 소외당한 느낌, 고독감과 고립감, 그리고 거부감을 이해하신다. 우리의 연약한 감정을 이해하시는 예수님은 우리의 연약함과 불구의 상태에서 오는 모든 무시무시한 감정 일체를 경험하신다"라고 했다.

나를 이해하실 뿐만 아니라 지금 내가 겪고 있는 고통, 그 상한 감정까지도 경험하시고 아신다는 것이다. 그렇기 때문에 예수님이야말로 진정한 위로자가 될 수 있다. 따라서 예수님을 따르는 우리 역시 위로자다. 위로는 돕는 것이다. 그래서 성령도 '돕는 자'라는 뜻의 '파라클레이토스'다. 그 '돕는다'는 뜻의 헬라어 원어는 '순 안티 람바노 타이'다. 순(sun)은 '~와 함께'의 뜻이고, 안티(anti)는 '반대편', 람바노(Lambano)는 '~을 잡는다'는 뜻이다. 따라서 헬라어로 '돕는다'는 것은

'상대편에게로 와서 붙잡아준다'는 깊은 뜻을 내포하고 있다. 위로자의 자세가 어떠해야 하는지 한마디로 말해주고 있는 셈이다.

'상한 심령을 가진 사람'에게 필요한 것은 정죄나 비판이 아니라 사랑과 위로다. 복음이다. 씨맨즈는 그런 사람에게 다음과 같은 복음의 기쁜 소식을 들려주라고 권면한다.

"하나님은 우리를 사랑하신다. 이는 우리가 선해서가 아니라 우리가 선을 이루기 위해서 그의 사랑이 필요하기 때문이다."

"우리의 대제사장이신 그리스도께서는 우리의 죄와 연약함을 담당하셨다. 이는 우리가 선해서가 아니라 우리가 선을 이루기 위해서 그의 사랑과 그의 용납하심이 필요하기 때문이다."

"성령께서는 끊임없는 임재하심과 능력을 통해서 우리가 모든 것을 할 수 있게 하신다. 이는 우리가 선해서가 아니라 우리가 선을 이루기 위해 그분이 필요하기 때문이다."

10
권사는 섬기는 자다

'어머니' 하면 가장 먼저 떠오르는 단어는 무엇일까? 아마도 '희생'이 아닐까. 어쩌면 희생 때문에 어머니인지도 모른다. 권사도 마찬가지다. 권사에게 언제부터 '교회의 어머니'란 수식어가 붙었는지는 모르지만 너무나 잘 어울리는 말이다. 교회의 어머니 권사, 그것은 처음부터 희생을 전제로 한 직분인 것이다. 섬김은 희생의 다른 표현이다. 그것은 하나님의 성품을 닮은 거룩한 것이기도 하다.

예수님이 이 땅에 오신 이유가 그것이었다. 하나님의 아들로서 군림하기 위해서가 아니라 이웃과 제자를 섬기기 위해서, 그리고 자신을 희생 제물로 드리기 위해서 이 땅에 오셨던 것이다. 그 섬김과 희생이 기독교 복음의 핵심이자 교회의 본질이다.

그런데 오늘날 우리 교회, 우리 교인들의 자화상은 어떤가? 이제는 교회에서 희생, 섬김이란 말이 마치 빛바랜 사진첩의 흑백사진만큼이나 고루한 단어가 되어버렸다. 교회를 위한 희생이나 섬김의 모습은 도저히 찾기 힘든 희귀 장면이 되었고, '너희들이 나한테 잘해야 해'라는 군림의 자세가 만연해 있다. 더 이상 교회 직분은 봉사의 자리가 아닌 누리는 자리가 되어버린 것이다. 권사도 예외가 없다.

희생하면 손해 본다?

옛날 어머니는 가정에만 매여 있었다. 요즘 어머니는 직장에서 돈도 벌어야 하고, 가정일도 해야 한다. 엄청난 희생을 하고 있는 것이다. 문제는 그렇게 희생을 하고 있으면서도 그 희생의 가치를 모르고 있다는 것이다. 한마디로 계산법이 틀렸다. 희생이란 사실 엄청난 것이다. 인간의 계산법으로는 결코 계산할 수 없다. 만약 예수님이 십자가가 너무 고통스러워 "나는 도저히 여기서는 죽을 수 없다"고 하셨다면 부활이 있었을까? 부활이 없는데 우리가 예수를 믿어야 할 이유가 있을까?

마찬가지다. 어머니의 희생으로 살아나는 것은 자녀와 남편이다. 희생으로 얻어지는 결과는 상상을 초월한다. 그런데 요즘 어머니들은 그 희생의 가치를 모른다. '왜 우리가 희생해야 돼?' 하는 생각이 팽배해 있다. 어머니들만 그런 게 아니라 우리 사회 문화가 그렇게 되어버렸다.

젊은 부부가 아이를 한 명밖에 안 낳는다. 아이 한 명으로 충분히 희생한다고 보는 것이다. 희생이 너무 힘들기 때문에 낳지 않으려는 것이다. 그러나 크리스천에게 '희생'이 빠지면 크리스천이 아니다. 권사에게 희생이 빠지면 권사가 아니다. 목사든 교인이든 모두가 마찬가지다. 우리가 믿고 따르는 분이 예수님이기 때문에 그렇다. 우리는 예수님을 닮아가는 사람들이며 예수님의 희생의 본을 따르는 사람들이다. 예수님의 희생 때문에 일어난 변화와 부활의 기적과 역사들을 봤는데 그런 행복, 그런 천국을 누리지 않으려고 하는 게 오히려 이상하다. 그러므로 크리스천에겐 희생이야말로 보배 같은 것이고 생명인 것이다.

지금은 희생에 대한 정의를 새롭게 해야 할 때다. 낡은 사진첩에 들어 있는 사진을 꺼내어 칼라로 새롭게 보정해야 할 때다. 희생하면 손해 보는 것인가? 물론 얼마든지 그렇게 생각할 수 있다. 실제 희생하면 자기 자신만 손해 보는 것을 우리는 그동안 수없이 봐왔다. 정직하면 바보가 되고 속이지 않으면, 남을 짓밟지 않으면 성공할 수 없는 경우가 얼마나 많은가.

하지만 희생은 크리스천의 삶의 원리다. 희생은 한 공동체, 한 사회를 지탱하고 이끌어가는 힘이다. 그 어떤 것도 희생 없이 되는 일은 없다. 희생은 또한 내가 손해 보는 게 아니라 내게 유익한 일이다. 희생해본 사람은 그 사실을 잘 안다.

어머니를 생각하면 나도 모르게 죄송함과 눈물이 어리는 이유 역시 어머니의 희생 때문이 아닌가. 그런 어머니의 희생을 가슴속에 간직한 자녀가 어머니에게 결코 불평하거나 불효할 수는 없다. 물론 어머니가 희생하지 않았거나 적당히 희생했다고 생각하는 자녀는 그렇지 않을 것이다. 따라서 어머니의 희생, 그것이 자녀들의 태도와 삶을 결정한다고 해도 과언이 아니다.

희생은 가정도 교회도 나도 살리는 일

그저 적당히 희생한 부모에 대한 자식들의 반응과 온전히 희생한 부모에 대한 자식들의 반응은 그야말로 하늘과 땅 차이다. 교회에서도 마찬가지다. 목사, 장로, 권사가 얼마나 온전하게 희생했느냐가 교회의 부흥과 직결돼 있다. 그것이 희생이 없는 교회와 희생이 있는 교회의 차이다.

이걸 더 큰 차원으로 보자면 천국과 지옥의 차이라고 할 수 있다. 희생이 없는 천국이 있을까? 나아가 희생 없이 천국에 갈 수 있을까? 물론 예수를 믿음으로 천국에 가는 것이니 희생 없이도 갈 수는 있겠지만 엄청난 책망과 심판은 면치 못할 것이다. 결국 이 희생이 천국과 지옥이라는 엄청난 차이를 만들어내는데 그 희생의 가치를 우린 잘 모르고 있는 것이다.

희생은 그 사람의 본성이라고 할 수 있다. 그것은 생활이나 습관으로 드러나기 마련이다. 가정에서 희생하는 어머니는 교회에서도 섬기고 희생하기 마련이다. 희생은 잠깐 흉내 낼 수 있는 성질의 것이 아니다. 그것은 크리스천의 본질이다. 내가 힘들더라도 나 때문에 상대방이 기쁘다면 이게 본질적으로 기쁜 것이다.

부부 사이에 자꾸 '나를 행복하게 해달라'고 부인이나 남편한테 조른다면 그 결과는 이혼일 수밖에 없다. 그런데 "내가 당신을 섬길 게, 내가 당신을 위해 희생할게" 그러면서 서로를 향해 희생한다면 그 결과는 분명 행복일 것이다.

희생을 깊이 파고 들어가다 보면 결국 희생은 자기 의무이고 책무라는 걸 깨닫게 된다. 살아가는 게 결국 희생하기 위해서라고 보면 된다. 직장에서도 마찬가지다. 직장에서 모든 직원이 자기 이익만 챙기고 희생하지 않는다면 그 직장이 존재할 수 있을까. 교회에서도 다른 교인들한테 대접을 받으려고만 하면 그 교회가 존재할 수 있을까.

반면 내가 다른 교인들을 돕고 세워주면 내가 오히려 대접받고 세움을 받는다. 많은 교인들이 나를 본받으려 하고 닮으려 하게 된다. 이것이 섬김의 힘이고 희생의 힘이다. 내가 희생하지 않는데 나를 따를 사람이 있을까? 물론 내가 권력과 돈을 가졌다면 그럴 수도 있다. 하지만 권력과 돈이 다하는 순간 그것으로 끝이다. 하지만 섬김이나 희생은 그렇지 않다. 평생 마음 깊이, 대대로 영향을 끼치는 게 섬김이고 희생이다.

특히 희생은 현대 리더십의 본질이기도 하다. 리더십이 섬김에서 희생으로 넘어간 것이다. 아랫사람이 윗사람에게 희생하는 것뿐 아니라, 윗사람도 아랫사람에게 희생해야 한다. 사회도 결국 '희생'이 빠져버리면 굴러갈 수가 없다. 이렇게 소중한 희생을 '손해 본다'는 개념으로 생각해서는 안된다. 희생을 맛보면 자동적으로 더 희생할 수밖에 없다. 그 희생은 곧 나를 살리는 방법이다. 가정이 사는 방법, 교회가 사는 방법이다.

그 희생과 가장 잘 어울리는 삶과 얼굴, 본질을 가진 이가 바로 권사다. 그만큼 권사는 숭고한 직분이자 아름다운 이름인 것이다.

11
권사는 피스메이커다

대검찰청 통계에 따르면, 한 해 접수되는 고소 건수는 2016년까지 매년 55~59만 건에 이르고 있다. 매일 1,500건 이상 검찰에 고소 사건이 접수되고 있다는 얘기다. 그만큼 우리 사회에 싸움, 분쟁이 많은 것이다. 실제 주위를 봐도 가정이나 회사, 교회, 국가에서 소송이 끊이지 않는다. 백화점, 마트만큼이나 법원에도 많은 사람들이 들락거린다.

지금 이 시대에 꼭 필요한 사람이 피스메이커(peacemaker)라고 할 수 있다. 권사야말로 피스메이커 본연의 역할에 딱 맞는 사람이다. 권사는 말 그대로 권면하고 위로하는 사람, 전도자, 훈계하는 사람으로 헬라어로는 '푸레스부테로스(elder, 장로)'도 있지만 성령을 뜻하는 '파라클레시스', 즉 위로, 권면이 권사에 더 적합한 말이다. 원어적 의미로도 권사의 역할이 사람들을 권면하고 위로하고 세우는, 즉 화평(평화)에 있음을 말해준다.

권사, 어떻게 피스메이커가 될 수 있나?

그렇다면 권사가 어떻게 피스메이커가 될 수 있을까?

우선 가정에서가 중요하다. 제 몸과 가정을 잘 다스려야 교회도 사회도 잘 다스릴 수 있다는 말(수신제가치국평천하修身齊家治國平天下)은 『대학』에만 있는 말은 아니다. 성경에도 나온다. "자기 집을 잘 다스려 자녀들로 모든 공손함으로 복종하게 하는 자라야 할지며 (사람이 자기 집을 다스릴 줄 알지 못하면 어찌 하나님의 교회를 돌보리요)"(딤전 3:4~5). 초대교회 직제상 감독(overseer) 직분의 자격에 대한 내용이지만 기본적으로 그 후에 생긴 교회 제직들의 자세를 언급하는 것으로 봐야 한다.

가정에서 권사는 어머니이자 아내다. 자식을 반듯이 키우는 것, 그리고 남편을 잘 보필하는 것이 바로 제가(齊家), 즉 자기 집을 잘 다스리는 것에 해당한다. 만약 권사가 자기 집을 잘못 다스리면 어떻게 될까? 교회에서는 열심이고 헌신적이지만 가정에서는 결코 인정받지 못한다면, 가정에서 인정받지 못하는 권사가 교회에서는 인정받을 수 있을까? 결국 그의 이중적인 모습은 들통이 나고 만다.

권사에게 가장 핵심적인 일은 가정에서 평화를 만드는 것이다. 그 평화의 핵심은 바로 어머니의 희생에 있다. 자녀와 남편을 위해서 희생하는 여인은 교회에서도 희생하게 되어 있다. 그것이 또한 가정의 평화, 교회의 평화를 만드는 핵심적인 일이다.

예수님은 "화평케 하는 자(peacemaker)는 하나님의 아들이라 일컫게 될 것"이라고 말씀하셨다. 평화가 없는 곳에서 평화를 만드는 자는 하나님의 독생자처럼 존귀하게 될 것이라는 얘기다. 왜 그럴까? 예수님 자신이 하나님과 인간을 화목케 하기 위해, 즉 다리를 놓기 위해 오셨기 때문이다. 하나님과 인간뿐만이 아니다. 예수님은 인간과 인간 사이에 막힌 담을 허물기 위해 이 땅에 오셨다. 막힌 담을 허물고 둘이 하나 되게 하시려고 이 땅에 오신 것이다(엡 2:14).

  사람들은 겉으로는 평화롭고 친절하지만 누구나 다 보이지 않는 벽을 쌓은 채 살고 있다. 그것은 하나님을 등진 벽일 수도 있고, 가족 간의 벽일 수도 있고, 이웃과의 벽일 수도 있다. 심지어 자기 자신과도 보이지 않는 견고한 벽을 쌓은 채 평생을 살아가는 사람도 있다. 왜 그럴까? 인간의 죄성 때문이다. 죄는 분리다. 하나님과의 분리, 사람과의 분리, 자연과의 분리. 이 모든 분리의 근본엔 죄가 있다. 반면 하나님의 속성은 화목과 연합에 있다. 그 분리된 것을 하나로 합치는 것, 그래서 서로 화목하고 평화롭게 지내는 것, 그것이 하나님 사역의 본질이다. 그것을 위해 예수님은 이 땅에 오신 것이다. 그 예수님을 따르는 그리스도인들은 화목의 직분을 받은 사람들이다. 피스메이커는 특별한 사람만의 역할이 아니라 모든 그리스도인들의 의무다.

> 모든 것이 하나님께로서 났으며 그가 그리스도로 말미암아 우리를 자기와 화목하게 하시고 또 우리에게 화목하게 하는 직분을 주셨으니(고후 5:18).

피스메이커가 된 사람들

국제적십자사는 국적이나 인종, 종교와 상관없이 전쟁이나 재난을 당한 사람들을 돕는 국제 조직이다. 적십자사를 만든 이는 스위스 출신의 장 앙리 뒤낭(Jean Henri Dunant)이다. 그의 부모는 철저한 장로교 신앙을 소유한 이들로 뒤낭으로 하여금 어릴 적부터 복음을 따라 살도록 이끌었다.

뒤낭의 아버지는 제네바 시의회 의원이었고, 어머니는 칼뱅(Jean Calvin)을 존경하고 따르는 신실한 신자였다. 아버지는 소년원에서 봉사 활동을 했고, 재소자들의 복지에도 관여했다. 그런 부모를 보며 뒤낭도 청소년 때부터 환자와 빈자들을 돕는 데 관심이 많았다. 16세 때인 1844년 영국 기독교 사회운동단체인 YMCA 창설에 참여하기도 했다. 북아프리카 알제리 주민들의 빈곤 퇴치를 위한 제분회사를 설립하기도 했다.

1859년, 뒤낭은 이탈리아로 가던 길에 솔페리노 전투를 목격하고 거기서 발생한 수천 명의 부상자를 구호하는 데 참여했다. 이 경험을 계기로 뒤낭은 전쟁 부상자 구호를 위한 국제 민간기구 창설의 필요성을 역설했는데, 국제사회의 호응을 얻어 드디어 1863년 국제적십자위원회가 만들어졌다. 이듬해인 1864년엔 정치나 종교, 이념의 중립성을 유지하고 국적에 구애됨 없는 구호 활동을 원칙으로 하는 제네바 협약이 만들어졌다.

뒤낭은 이러한 박애정신과 세계 평화에 기여한 공로를 인정받아 1901년 제1회 노벨평화상 수상자로 선정되었다. 성경에 등장하는 선한 사마리아인처럼 국적이나 종교에 상관없이 환난을 당한 사람을 무조건적으로 도왔던 그의 복음 실천이 가져온 당연한 결과였다.

지미 카터(Jimmy Carter) 전 미국 대통령은 보수적이지만 행동하는 신앙인이다. 젊어서부터 시작해 대통령을 퇴임한 뒤 최근까지도 주일학교 성경공부 교사로 봉사한 일화는 유명하다. 재임 중에는 '가장 인기 없는 대통령'이었지만 지금은 '가장 존경받는 전임 대통령'으로 평가받는 지미 카터의 인기는 그의 일관적이면서도 실천하는 신앙 때문이다. 그는 대통령 재임 시절 이집트와 이스라엘 간의 평화 조약을 주선하기도 했고, 소련과의 무기 경쟁 중지를 선언하기도 했다. 그리고 오랫동안 적대 관계였던 중국과도 국교를 맺는 등 세계 평화를 위한 획기적인 행보를 이어갔다.

하지만 에너지 위기를 비롯해 미국 국내외 정치 문제에 있어 그가 보여준 무능하고 유약한 대통령의 이미지는 미국 국민들을 실망시켰고, 결국 다음 대통령 선거에 실패해 로널드 레이건(Ronald Reagan)에게 정권을 넘겨주고 만다. 자신은 쓸쓸히 조지아 주 땅콩농장으로 귀향해야 했다.

하지만 카터는 여기서 주저앉지 않고 평화를 위한 자신의 역할을 찾아갔다. 퇴임 후인 1982년엔 카터재단을 만들어 전 세계 인권과 환경 문제를 비롯한 다양한 국제 분쟁에 개입해 평화적인 해법을 제시하는 데 앞장섰다. 1994년에는 고조된 한반도 전쟁 위기가 풀릴 기미가 안 보이자 직접 방북해 김일성을 만나 일촉즉발의 한반도를 다시 대화 국면으로 바꾸어놓았다. 전 세계 가난한 사람들을 위한 집 짓기 캠페인인 해비타트 운동에도 앞장섰다.

카터는 언론 인터뷰에서 "진짜 도전은 조화를 이루고 성숙한 존경을 표하며 이웃과 사는 법, 심지어 뜻이 맞지 않는 이웃과도 사랑을 나누는 법을 배우는 데 기독교를 비롯한 기타 종교의 교리들을 어떻게 적용시킬지를 배우는 것이다. 성취하기는 어렵지만 가장 중요한 도전이다"라고 말한 바 있다. 기독교 복음을 다른 종교, 다른 문화의 사회에 실천하고 적용하는 문제를 최후까지 고민하고 있음을 보여주는 대목이다. 지미 카터는 2002년 노벨평화상을 수상했다.

어떻게 보면 크리스천은 평화 만들기가 몸에 밴 사람이라고 할 수 있다. 평화 만들기를 전문적으로 잘하는 사람이라고도 볼 수 있다. 허구한 날 가정에서 싸우고, 교회에서 분란을 일으킨다면 진정한 크리스천이라고 할 수 없다. 모양만 크리스천, 몸만 교회 다니는 사람일 뿐이다.

진정한 권사는 그렇지 않다. 평화를 위해 기꺼이 자신을 희생하는 사람이다. 꽁꽁 마음의 문을 닫은 사람을 포기하지 않고 찾아가 노크하는 사람이다. 마침내 깊이 골이 패여 왕래조차 없던 곳을 이어주는 사람이다. 그것은 그 사람을 살리는 일이자 공동체를 재창조하는 일이기도 하다. 그래서 예수님은 아마도 이런 일을 하는 사람을

'하나님의 아들'이라고 칭하셨던 것 같다. 창조는 하나님의 영역이기 때문이다.

 피스메이커가 얼마나 감동적이고 아름다운 일인지는 경험해보지 않고서는 결코 모른다. 그것을 경험해본 사람은 계속 피스메이커 자리에 머문다. 그것이 권사를 행복하게 만들기 때문이다. 그렇게 행복한 권사들이 하나둘 늘어날 때 교회와 사회는 저절로 평화의 땅, 평화의 나라가 될 것이다.

권사는 교회의 윤활유다

12

　자동차 윤활유는 금속 부품 간의 마찰을 줄여주는 역할을 한다. 또한 자동차를 운전할 때 발생하는 높은 압력을 분산시키고, 엔진오일 냉각을 통해 엔진 내부를 냉각시키기도 한다. 외부 공기를 막아 금속 부식을 방지하고, 불순물을 세척하는 역할도 윤활유의 몫이다. 이처럼 차의 안전과 유지를 위해 필수적인 것이 윤활유다. 이 때문에 윤활유는 운전자가 가장 신경 쓰는 것 중의 하나다.

　몸에도 윤활유가 있다. 바로 연골이다. 연골은 뼈와 뼈가 연결된 곳에 위치해 뼈끼리의 마찰과 충격을 완화시키는 역할을 한다. 뼈의 쿠션이라고 할 수 있다. 면역 이상이나 관절에 염증이 생겨 연골이 파괴될 경우 뼈의 파괴로 이어지고, 이는 전체적인 몸의 불균형을 가져온다. 결국 관절의 변형을 통해 심장이나 폐, 신장 등 신체 기관의 합병증을 불러오기도 한다. 그만큼 연골의 기능이 중요하다.

교회의 윤활유와 연골

교회를 이 자동차 윤활유와 몸의 연골에 대입해보면 어떨까? 교회가 지금 위기를 맞고 있다는 데는 대체로 공감한다. 교인수도 감소하고 있고, 그에 따른 교회 재정도 줄어들어 여러 사역들을 축소하는 상황이다. 무엇보다 목회자나 교회에 대한 사회적 평판 내지는 신뢰도가 갈수록 추락하고 있다.

한국기독교목회자협의회(한목협)가 발표한 「2017 한국인의 종교생활과 신앙 의식 조사-목회자」에 따르면, '한국교회의 전반적 신뢰도'에 대해 '긍정적'이라고 답한 비율은 35.5퍼센트로 5년 전 조사 때보다 절반 가까이 줄어들었다. 5년 전 조사에서는 '한국교회의 전반적 신뢰도'에 대해 '긍정적'이라고 답한 비율이 63.2퍼센트였다.

한목협의 설문조사는 전국 교회 담임목사 507명을 대상으로 한 것이다. 따라서 이 같은 전반적인 교회 신뢰도는 목회자들이 평가한 것이다. 목회자 스스로가 한국교회의 신뢰도에 대해 긍정하지 못하고 있는 현실이라고 볼 수 있다.

원인은 무엇일까? 전문가들이 진단하지 않아도 우리 스스로 그 원인을 어느 정도 알고 있다. 왜냐하면 내가 속한 교회, 내 지역의 교회가 바로 그런 위기를 겪고 있는 교회 중 하나이기 때문이다. 그만큼 한국교회의 위기는 우리 곁에 가까이 와 있다.

그 원인은 여러 가지일 것이다. 우선 일반 언론에 보도된 몇몇 목회자의 윤리 문제가 목회자 전반의 문제로 확산된 이유도 있다. 그렇다고 몇몇 목회자만의 문제로 치부할 수 있을까. 결코 그렇지 않을 것이다. 비록 많은 목회자가 그렇지는 않을지라도 일부 목회자의 문제는 곧 우리의 문제이고 한국교회의 문제다. 주님의 몸 된 교회, 공교회 전체의 문제이기도 하다. 이런 이유로 목회자는 한국 사회에서 신뢰하지 않는 부류에 속하는 불명예를 뒤집어쓰고 있다.

또 다른 원인은 목회자와 교인의 소통 문제다. 어느 조직이건 소통이 원활하지 않으면 건강하게 성장하는 것은 불가능하다. 어디에선가 잡음이 나고 결국 그 공동체는 시끄럽게 되어 있고, 분열의 결말을 맞이한다. 지금 우리 교회의 목회자와 교인의 소통은 어떨까? 소통이 원활한 경우가 흔하지 않다. 그 이유는 목회자 스스로가 권위의식에 사로잡혀 있기 때문이기도 하고, 교인들이 목회자에게 권위의식을 강요하기 때문이기도 하다. 어찌됐건 이런 권위의식이 결국 교회의 소통을 막고 교회를 병들게 하는 원인이 되고 있다.

이럴 때 필요한 게 바로 윤활유, 연골이다. 흔히 교회 문제는 아무리 비판을 해도 개선되지 않는 경향이 있다. 교회 스스로 자정 능력을 회복할 때 가장 건강한 모습으로 개선될 수 있다. 그 자정 능력이 핵심이 바로 윤활유, 연골이 아닐까. 그것이 바로 권사의 역할이라고 생각한다.

내가 아는 많은 목회자들은 사회에서 지탄받는 목회자의 윤리 문제와는 상관없는 사람들이다. 그런데도 사람들은, 심지어 교인들은 별로 신뢰하지 않으려는 경향이 있다. 어쨌건 이것은 목회자가 자초한 것이기에 토를 달진 않겠다. 그렇다면 권사인 나는 어떻게 이 문제에 접근할 수 있을까?

우선은 허심탄회한 대화를 갖는 일에서부터 시작할 수 있다. 목사는 이런 문제를 흔히 강단에서 이야기한다. 이럴 경우 교인들은 그저 듣고만 있어야 할 뿐 질문할 수는 없다. 그런데 권사들이 중심이 되어 대화의 장을 마련한다면 목사도 편안하게 얘기할 수 있고, 교인들도 그동안 궁금했던 것을 자연스럽게 물어볼 수 있다. 거기서부터 오해는 풀리고 신뢰가 쌓여갈 수 있다. 권사회가 공식적으로 주최하면 부담이 될 수 있으니 몇몇 권사들이 중심이 돼 격식을 차리지 않고 편안하게 대화할 수 있는 장을 만들면 좋을 것이다.

이것은 목회자의 신뢰도 문제를 위해서만 아니라 목회자와 교인의 소통을 위해서도 중요한 장이 될 수 있다. 혹시 대화 중간에 목소리가 높아지거나 분위기가 애매해지는 돌발 상황이 발생할 수도 있으니 그때는 우스갯소리도 넣어서 분위기도 띄우고, 또 간단한 다과를 마련해 분위기를 따뜻하게 할 수도 있을 것이다.

윤활유는 허심탄회한 웃음꽃에서부터

물론 그렇다고 꼭 권사가 주도해야 한다는 뜻은 아니다. 분위기가 딱딱해질 수 있는 교회 공식 채널보다는 몇몇 권사들이 주도하는 것이 좀 더 부담이 적고 푸근하게 다가갈 수 있다는 이야기다. 특히 권사의 활짝 웃는 웃음은 애매한 분위기를 삽시간에 부드럽게 녹일 수 있다. 인터넷에 찾아보니 '웃음은 성공의 묘약'이란 제목으로 재미있으면서도 곧바로 적용할 수 있는 내용들이 많다.

- 웃음은 만복의 근원이다. 내가 웃는 것이 복을 짓는 시발점이다.
- 웃음이 없는 리더는 리더가 아니다. 웃음으로 지위를 확보하라.
- 웃음은 사람을 따르게 하는 자석이다. 인맥이 필요하면 먼저 웃어라.
- 웃음의 양과 행복의 양은 비례한다. 웃고 또 웃어라.
- 웃음은 부작용 없는 탁월한 진통제다. 아프면 웃어라.
- 웃음은 만국 공통어다. 서로의 장벽을 무너뜨리는 데 놀라운 효과가 있다.
- 웃음은 신뢰감을 심는 데 탁월한 효과가 있다. 웃음으로 믿을 수 있는 메이커가 되라.
- 웃음은 대인관계의 윤활유다. 누구하고나 수월하게 진행된다.
- 웃음은 사람의 마음을 여는 만능열쇠다. 웃음으로 접선하라.
- 웃음은 지옥도 천국으로 변화시킨다. 웃음으로 자신을 업그레이드하라.
- 웃음은 죽을 사람도 살린다. 문병 가서 환자를 웃기면 최고의 명의가 된다.
- 웃음이 풍부한 집은 화초도 잘 자란다. 식물도 웃음을 좋아한다는 증거다.

교회의 윤활유가 되고 연골이 되는 데 뭐 대단한 걸 필요로 하지 않는다. 그저 안타까운 마음으로, 잘 되기를 바라는 마음 하나로 위로하고 만나고 그리고 서로의 끈을 이어주는 것이다. 거기엔 권사 특유의 활짝 웃는 웃음, 썰렁한 농담 하나면 충분하다.

　권사는 교회의 윤활유이고 연골이다. 꽉 막혀서 소통이 안 되고 있는 곳이 있다면 불쌍히 여기는 마음으로 서로를 만나 위로해야 한다. 중요한 건 그 누구에게도 편견 없이 사랑으로 품어야 한다는 것이다. 그럴 때 권사는 사랑의 사람으로, 화해의 사람으로 인정받을 수 있고, 그 역할을 제대로 해낼 수 있다. 비로소 소통의 다리를 제대로 놓을 수 있다. 어려움이 많은 교회일수록 꼭 필요한 사람이 바로 윤활유 같고 연골 같은 권사다.

내가 교회의 일꾼 된 것은
하나님이 너희를 위하여 내게 주신 직분을 따라
하나님의 말씀을 이루려 함이니라

골 1:25

Chapter

02

권사의
롤 모델

13
'열국의 어미' 사라의 눈물

요즘 여성들을 포함한 젊은 세대에게 가장 큰 불행은 무엇일까? 경기 불황이 길어지면서 연애·결혼·출산을 포기하는 소위 '3포 세대', 그리고 거기에 더해 내 집 마련과 인간관계까지 포기하는 '5포 세대'가 유행어가 되다시피 했다. 경기 불황과 취업난으로 꿈과 낭만, 인간다움마저 포기해야 하는 젊은이들의 현실은 마치 먹장구름을 두른 하늘만큼이나 우울하다.

그렇다면 지금으로부터 약 4000년 전 아브라함 시대에 젊은 여성들의 가장 큰 불행은 무엇이었을까? 그것은 바로 결혼한 여성이 애를 못 낳는 일이었다. 물론 여성이 애를 못 낳는 일은 우리 조선 시대 때도 '칠거지악(七去之惡)'의 하나로 규정할 만큼 지탄의 대상이었지만, 자식을 하나님의 선물로 여기는 이스라엘에서 '무자식'은 곧 저주를 의미했다.

아브라함에게 시집 간 사라는 자식이 없었다. "사래는 임신하지 못하므로 자식이 없었더라"(창 11:30)라는 기록을 봐서는 아마 임신하지 못하는 원인이 사라에게 있었던 듯하다. 무자식인 사라의 인생이 한과 눈물로 점철되었을 것임은 안 봐도 눈에 선하다.

"내가 너로 큰 민족을 이루고 네게 복을 주어 네 이름을 창대하게 하리니 너는 복이 될지라"(창 12:2)라는 하나님의 약속을 받고 아브라함이 하란을 떠날 때 그의 나이는 75세, 사라는 65세였다. 할머니, 할아버지 부부가 집을 떠나 길을 나서는 셈이다. 오늘날 이성과 상식을 총동원해서 판단한다면, 하나님의 약속이 잘못되었든지 아니면 아브라함이 광신도였든지 둘 중 하나라고밖에 볼 수 없는 상황이다.

히브리서는 아브라함이 그 하나님의 약속을 믿었을 뿐만 아니라 순종했다고 증거하고 있다.

> 믿음으로 아브라함은 부르심을 받았을 때에 순종하여 장래의 유업으로 받을 땅에 나아갈새 갈 바를 알지 못하고 나아갔으며(히 11:8).

하나님을 알지 못하고 이방 땅에서 살던 이방인인 아브라함에게 하나님이 어느 날 불쑥 찾아오셔서 "내가 너를 크게 축복하겠다"고 말씀하셨는데, 놀랍게도 아브라함은 그걸 믿었고 또 그 믿음대로 순종하며 가나안 땅을 향해 나아갔던 것이다.

그렇다면 아브라함의 아내 사라는 어땠을까? 사라에게도 아브라함만큼 믿음이 있었을까? 그랬던 것 같지는 않다. 사라는 남편의 거짓말에도 그대로 순응할 만큼 순종적이었다. 사라는 아리따운 용모 때문에 이집트 왕의 마음에 들었고, 그 때문에 아브라함은 많은 물질을 얻었다. 엄밀하게 말하면 아내를 판 대가였다.

당시 사라의 마음이 어땠는지는 성경에 나오지 않는다. 아마 남편에 대한 굉장한 배신감을 갖지 않았을까 추론할 뿐이다. 그럼에도 사라는 남편 아브라함을 쫓아갔다. 하나님의 약속을 받았고 순종했지만 하나님의 축복은 아직 가시권에 들어올 기미가 보이지 않았다. 아브라함이 불평 섞인 말로 하나님께 따진다.

> 아브람이 또 이르되 주께서 내게 씨를 주지 아니하셨으니 내 집에서 길린 자가 내 상속자가 될 것이니이다(창 15:3).

이 말을 엿들었던 사라의 마음은 어땠을까? 역시 사라의 마음 상태에 대해서는 성경이 말하고 있지 않다. 이후 사라가 아브라함에게 "내 여종에게 들어가라 내가 혹 그로 말미암아 자녀를 얻을까 하노라"라고 말한 것을 보면 사라의 절치부심(切齒腐心)이 어느 정도였을지 짐작할 수 있다. 자신의 몸종을 통해서라도 후손을 이어서 억울함을 달래보겠다는 심산인 것이다. 이 장면에서는 자신의 몸에서 난 아기를 통해 후손을 잇겠다는 믿음은 전혀 찾아볼 수 없다.

창세기에 나타난 아브라함 이야기에서 반복되는 것은 끊임없는 하나님의 약속, 그리고 그 약속의 재확인이다. 마치 울고불고 투덜거리는 아이를 달래듯이 하나님이 거듭거듭 아브라함에게 약속하시고, 그 약속을 재확인시키셨다. 마침내 창세기 17장에서는 아브라함의 이름도 아브람에서 '열국의 아비'를 뜻하는 아브라함으로 바뀌고, 사라의 이름은 사래에서 '열국의 어미'인 사라로 바뀐다. 그때 아브라함은 자신과 아내 사라의 나이를 거론하며 하나님께 약속의 실현이 불가능할 거라며 거듭 따진다.

> 아브라함이 엎드려 웃으며 마음속으로 이르되 백 세 된 사람이 어찌 자식을 낳을까 사라는 구십 세니 어찌 출산하리요(창 17:17).

사라 역시 천사가 찾아와 "내년 이맘 때 아들을 낳을 것"이란 말을 했을 때 속으로 비웃는다.

> 사라가 속으로 웃고 이르되 내가 노쇠하였고 내 주인도 늙었으니 내게 무슨 즐거움이 있으리요(창 18:12).

그럼에도 하나님은 사라를 기억하시고 돌보셨다. 마침내 약속한 아들을 약속한 때에 낳았던 것이다. 하나님의 은혜란 이런 것이다. 복 받을 언행을 하지 못했는데도, 그럴 만한 자격이 없는데도 복을 주시고 그런 위치에 나를 올려놓으신다. 그래서 은혜는 감사요 눈물인 것이다. 사라에게 임한 은혜가 그랬다. 평생 따라붙었던 '애 못 낳는 여인'이란 주홍글씨가 비로소 지워지는 순간이었다. 한과 눈물이 기쁨과 웃음으로 바뀌는 순간이었다. 이번엔 사라의 감격과 기쁨의 마음이 잘 드러나 있다.

> 사라가 이르되 하나님이 나를 웃게 하시니 듣는 자가 다 나와 함께 웃으리로다(창 21:6).

평생 웃을 일이라곤 비웃을 것밖에 없었던 사라에게 하나님은 활짝 웃는 웃음을 선사하셨다. 평생 흘렸던 눈물을 다 갚고도 남을 감격의 웃음을 사라에게 듬뿍 안겨주신 것이다.

나는 사라에게서 권사의 삶을 본다. 아무에게도 쉽게 털어놓을 수 없는 속으로만 간직해야 했던 한과 눈물을 머금고 살아가는 권사들이 얼마나 많은지 모른다. 아마 그랬기에 신앙도 깊어질 수 있었는지 모른다. 믿음은 고난을 먹고 성장한다. 고난이 없이 신앙 성숙은 기대하기 어렵다. 사라에게 애 못 낳는 고난이 없었다면 아마 물려받은 재산으로 하란에 눌러앉아 떵떵거리며 살았을 것이다. 그렇게 됐다면 가나안 땅의 약속도, 열국의 어머니가 되리라는 축복도 받을 수 없었을 것이다. 하지만 사라는 남이 알지 못하는 자신만의 한숨, 눈물을 숙명처럼 떠안고 살아야 했다. 거의 평생 눈물을 삭이는 시간을 보내야 했다. 그 한숨과 눈물이 하나님의 마음을 머물게 했고, 사라와 함께하게 했고 마침내 사라를 통해 약속의 성취를 이룰 수 있게 했던 것이다.

사라가 처음부터 신앙이 있었거나 좋았던 것은 아니다. 삶을 살아가며, 고난을 겪어가며 사라의 믿음도 남편 아브라함만큼이나 깊어졌다. 어떻게 보면 아브라함이 사랑하고 존경할 만큼 사라의 믿음이 더 견고해졌는지도 모른다.

2년 전, 부산에 사는 90세 할머니가 70년 만에 "나도 위안부였다"고 고백한 기사를 본 적이 있다. 할머니는 "그동안 행여 자식들에게 누가 될까 봐 자신이 위안부였다는 사실을 딸 외에는 절대 얘기하지 않고 살았는데 죽기 전에 꼭 털어놓고 싶었다"며 주민센터에 자신이 일본군 피해자임을 자진 신고했다. 스무 살 무렵 고향 경남 고성에서 친구들과 놀다가 위안부로 일본 오사카로 끌려갔다는 할머니는 4개월 동안 낮에는 청소와 설거지, 밤에는 일본군을 상대하는 위안부 생활을 해야 했다고 밝혔다. 꽁꽁 숨겼던 그 사실을 공개적으로 밝히기까지 70년이 걸린 것이다.

믿음은 젊어서 잠깐 경험하는 짜릿한 황홀경 같은 게 아니다. 믿음은 평생을 통해 성숙되고 깊어지고 자란다. 특히 고난과 눈물을 자양분으로 더욱 튼실하게 자란다. '나에게 왜 이런 고난이 있습니까?' '왜 나만 눈물의 세월을 보내야 합니까?'라고 탄식하는 권사가 있는가? 그렇다면 오히려 감사하라. 그 눈물과 고난이 하나님의 약속을 이루는 첩경이기 때문이다. 그 눈물과 고난이 하나님의 은혜를 은혜 되게 하는 선물이기 때문이다. 남모를 눈물을 가슴에 지닌 채 하나님께 호소함이 하나님 크신 뜻을 펼쳐가시는 섭리이기 때문이다.

14
자신의 민족을 구한 에스더의 믿음

요즘 대한민국 중년은 드라마에 푹 빠져 있는 것 같다. 예전에는 저녁 드라마 방송 시간에 맞춰 귀가를 할 정도였지만 지금은 다양한 채널에서 재방, 삼방까지 가능해 밤낮으로 드라마에 빠져 지내는 사람들이 적지 않다. 일각에서는 '막장 드라마'라고 폄하하기도 하지만 현실에서는 불가능에 가까운 일들을 드라마로 보며 대리 만족을 느낄 수 있어서 꼭 깎아내릴 일만은 아닌 것 같다.

성경에도 드라마 같은 일들이 많이 등장한다. 가장 대표적인 게 에스더다. 민족 절멸의 날이 원수 심판의 날로 180도 바뀌는 대목이 있어서 더욱 그렇다. 여기에 등장하는 인물들의 배역을 맡긴다면 주연은 당연히 모르드개와 에스더, 그리고 악역을 맡은 주연은 하만이다. 모르드개와 에스더의 불같은 믿음과 용기를 통해 위기 앞에서 신앙인의 자세란 어떠해야 하는지를 배울 수 있다. 특히 에스더의 모습에서 권사의 바람직한 모습을 유추해볼 수 있다.

다윗에 이어 솔로몬 시대에 최고 번영을 구가하던 이스라엘은 솔로몬의 아들 르호보암 때부터 남유다, 북이스라엘로 분열되어 오다가 기원전 722년 북이스라엘이 신흥 강국 앗수르(아시리아)에 멸망하고, 그로부터 140여 년 뒤인 기원전 586년 남유다가 전통 강국 바벨론(바빌론)에 멸망을 당한다. 그때 남유다는 왕을 비롯해 수많은 관리, 지식인들이 포로로 잡혀갔는데, 모르드개 역시 그때 끌려갔던 사람이다.

하지만 바벨론은 얼마 있지 않아 신흥 강국 페르시아의 침략으로 멸망하고 만다. 모르드개는 바벨론이 페르시아 제국으로 바뀌는 걸 지켜봤고, 변함없이 왕궁에서 섬겼던 사람이다. 에스더서가 보여주고 있는 것은 포로로 잡혀간 땅 이방 나라에서도 하나님이 함께하시며 다스리신다는 것이다. 모르드개가 꾸었던 꿈도 그렇고, 그 과정에서 와스디 왕후가 갑자기 폐위되고 고아로 자란 '이방 여인' 에스더가 새로운 왕후로 등극하는 것도 그렇다.

에스더는 모르드개의 삼촌인 아비하일의 딸이다. 아비하일은 아마 이스라엘 땅에서 죽고 모르드개가 포로로 끌려올 때 에스더를 같이 데리고 왔든지, 아니면 아비하일과 에스더가 함께 포로로 끌려와서 아비하일이 먼저 죽었을 것이다. 홀로 남은 어린 사촌을 모르드개는 양녀로 삼고, 자신이 배우고 살아왔듯 철저한 신앙 교육, 민족 교육을 시킨다. 그것은 당대 일류 제국에서 정체성을 잃지 않게 하려는 몸부림 같은 것이었다.

모르드개의 철저함과 고상함은 그가 포로 신분임에도 불구하고 왕궁에서 왕을 보위하는 임무를 부여받게 했다. 하지만 지금도 그렇지만 정치는 늘 상식대로 흘러가주지 않는다. 당시 왕궁에서는 왕의 총애를 받는 2인자 하만의 기고만장함이 하늘을 찌르고 있었다. 하만은 자신에게 절하지 않는 모르드개를 보고 분개해 온 유다 민족을 전멸시킬 음모를 꾸민다. 유다 민족 절멸의 날을 정하기 위해 주사위(히브리어로 '불')를 던지니 그해 십이월 곧 아달월 십삼 일로 나왔다.

민족 절멸의 소식을 전해들은 모르드개는 옷을 찢고 굵은 베옷을 걸치고 재를 뒤집어 쓴 채 대성통곡했다. 페르시아 제국 각 지방에 흩어져 살고 있던 유다인들도 이 소식을 듣고 잿더미 위에서 통곡하며 지냈다. 하지만 구중궁궐에 있는 에스더의 마음은 안일하기만 했다.

처음 이 소식을 접한 에스더는 유다 민족이 아니라 모르드개를 걱정해서 그에게 옷을 보내 입도록 했다. 아마 평소에도 꼬장꼬장하기로 소문난 사촌 오빠가 이번에도 융통성이 없었겠거니 생각했던 것 같다. 하지만 상황이 그렇지 않다는 걸 감지한 에스더는 이내 내시를 시켜 자초지종을 알아오게 했다. 모르드개는 거리에 나붙은 포고문 한 장을 에스더에게 보내며 자초지종을 설명했다. 그리고 왕 앞에 나아가 유다 민족을 살려달라고 애원하도록 요청했다.

이번에도 에스더는 상황의 심각성보다는 자신의 안위를 더 걱정했다. "왕이 부르시지도 않는데 그 앞에 나아가다간 죽임을 당한다"며 꺼려한 것이다(에 4:11). 그러자 모르드개가 저주 같은 경고를 한다. 왕궁에 있다고 혼자만 목숨을 부지할 거라는 생각은 버리라는 것이다. 바로 이런 때에 손쓰라고 왕후의 자리에 오른 게 아니겠느냐는 것이다.

마치 칼뱅에게 제네바로 오지 않으면 하나님의 저주가 임할 것이라며 강권했던 기욤 파렐(Guillaume Farel)을 떠올린다. 1536년 칼뱅이 프랑스에서 제네바로 가게 된 것은 그야말로 이런 연유 때문이었다. 25세의 신학도에 불과했던 칼뱅이 제네바 개혁의 상징으로 우뚝 선 계기는 바로 당시 제네바 시를 개혁하려다가 좌절을 겪고 있었던 파렐의 저주 섞인 권유 때문이었다.

어쩌면 안주하려던 에스더의 마음을 움직인 것도 모르드개의 저주 섞인 경고 때문이었는지도 모른다. 마침내 에스더도 마음을 달리 먹는다. 그때서야 상황 파악을 제대로 한 것이다. 모든 유다인들을 불러 모아 3일간 금식 기도를 요청하고, 그 후에 자신은 법을 어겨서라도 왕 앞에 나아갈 것이라고 말한다. 그러다가 죽게 된다면 기꺼이 죽을 것이라고 했다. 에스더가 이때 보여준 용기는 그 어떤 남성도 갖지 못한 대단한 용기였다. 그것은 모든 생명을 품는 여성의 모성에서 나온 게 아니었을까. 물론 그 밑바탕엔 신앙이 흐르고 있었다.

에스더는 왕이 부르지도 않았는데 기도대로 왕 앞에 나아간다. 부르지도 않았는데 왕 앞에 나가는 것은 죽음을 각오하는 일이었지만, 왕은 에스더를 용서한다. 에스더는 나라의 반이라도 주겠다는 왕에게 소청을 올려 하만과 함께 잔치 자리에 오게 한다. 그날 잔치 자리가 끝난 뒤 다음 날 또다시 잔치에 하만과 함께 더 와달라고 요청한다.

하지만 그날 밤, 역사는 이뤄지고 있었다. 왕은 잠이 오지 않아 궁중실록을 읽었다. 그러고는 자기를 암살하려던 내시를 모르드개가 고발했다는 대목을 읽는다. 내시에게 그때 모르드개에게 어떤 상이 내려졌는지 물었지만 아무런 상도 내리지 않았다는 사실을 알고 하만을 불러 "내가 상을 내리고 싶은 사람이 있는데 무엇을 해주었으면 좋겠는가?"라고 묻는다. 하만은 자신에게 상을 내리려는 줄 착각하고 "왕복을 입히고 말을 태워 성내 광장을 돌게 하라"고 제안한다. 왕은 그 말대로 모르드개에게 그렇게 해주라고 명령한다.

왕이 그렇게 모르드개를 총애하니 하만은 더 이상 모르드개에게 손을 댈 수 없게 되었다. 물론 유다 민족의 운명은 여전히 풍전등화였다. 그러자 에스더는 왕에게 "제 목숨, 겨레의 목숨을 살려 달라"고 간청한다. 그리고 자신의 민족을 죽이려는 음모를 꾸민 사람은 바로 옆에 있는 하만이라는 걸 말해준다. 그리하여 하만은 자신이 모르드개를 달려고 준비한 장대에 자신이 달리게 된다. 그리고 유다 민족의 처형의 날은 원수들을 처형하는 날로 바뀌게 된다. 그때부터 이스라엘 민족은 이틀간 부림절을 지키며 잔치를 베풀고 선물을 주고받고 어려운 이웃을 돕는다. 이것이 부림절의 탄생이다.

무엇이 에스더를 행동하게 했을까? 무엇이 상황 파악도 제대로 못하던 에스더를 금식 기도에 이어 목숨까지 초개처럼 여기게 했을까? 모성애, 민족 사랑, 가정교육 등 여러 가지가 있겠지만 가장 중요한 것은 철저한 신앙이었다.

그만큼 하나님 한 분에 대한 철저한 믿음으로 세상 겉치레, 화려한 명예와 권력을 먼지처럼 여겼다는 걸 말해준다. 그가 목숨까지 내걸고 왕후의 자리를 박차고 왕 앞에 나아갔던 용기는 하나님을 향한 믿음 말고는 달리 설명되지 않는다. 상황이 믿음을 바꾸는 게 아니라 믿음이 상황을 바꾼다. 믿음으로 에스더는 유다 민족을 구하고, 자신을 구하고, 또한 페르시아 제국을 구했다.
　권사의 믿음이 교회를 구하고 민족을 살린다.

15
눈물과 기도로
사무엘을 얻은 한나

우리에게 한나는 '기도하는 어머니'의 표상으로 새겨져 있다. 아기 낳지 못하는 여인이 기도를 통해 사무엘을 낳고, 그 사무엘이 이스라엘의 건국에 큰 공을 세우기 때문이다. 주위에 '한나'라는 이름을 가진 아이들이 많은 것도 한나가 가진 '기도하는 어머니'의 이미지 때문이다. 한나는 권사가 닮아야 할 모델이다. 불행했던 한 여인의 간절한 기도가 어떻게 공동체의 운명을 바꾸는지를 보여주고 있기 때문이다.

자식을 못 낳는 여인의 설움

여자의 비극은 왜 항상 자식을 못 낳는 데서 시작하는지 모르겠다. 그러한 여자의 비극은 성경에도 여럿 등장하고, 우리 역사엔 무수히 많이 등장한다. 엘가나의 부인 한나는 이중의 비극을 안고 있었다.

그것은 자식을 못 낳는 것과 함께 또 다른 부인으로부터 받는 괄시다. 성경은 엘가나의 또 다른 부인 브닌나를 '그의 적수'라고 표현하고 있다. 둘 사이의 긴장이 어느 정도였을지 짐작하고도 남는다.

> 여호와께서 그에게 임신하지 못하게 하시므로 그의 적수인 브닌나가 그를 심히 격분하게 하여 괴롭게 하더라 매년 한나가 여호와의 집에 올라갈 때마다 남편이 그같이 하매 브닌나가 그를 격분시키므로 그가 울고 먹지 아니하니(삼상 1:6~7).

한나의 설움은 절망으로 끝나지 않는다. 간절한 기도로 이어진다. 그냥 기도가 아니라 애원과 통곡이라고 묘사하고 있는 걸로 봐서 한나의 설움은 가히 폭발 상황이었다고 봐도 될 것 같다. 그것은 곧 하나님 앞에서의 맹세, 즉 서원 기도로 드러난다.

여자의 한은 그만큼 무서운 것이다. 우리 속담에도 "여자가 한을 품으면 오뉴월에도 서리가 내린다"고 하지 않던가. 그런데 여자의 한이 무서운 건 외국도 마찬가지다. 영어 속담으로도 "지옥이 분노를 가지고 있더라도 한을 품은 여자만큼은 아니다(Hell hath no fury like a woman scorned)"라는 표현이 있기 때문이다.

아무튼 한나의 한은 설움과 슬픔을 지나 기도와 맹세로 이어졌다. 그리고 그것은 사무엘이라는 이스라엘 역사의 마지막 사사, 이스라엘 왕국의 창건자를 출생하는 엄청난 결실로 나타난다. 한나는 서원대로 사무엘을 젖 뗀 후 엘리 제사장에게 데리고 간다. 자신의 한 맺힌 기도를 들으신 하나님께 맹세대로 사무엘을 평생 하나님의 사람으로 드린 것이다. 그리고 장문의 찬양을 하나님께 올려 드린다.

> 한나가 기도하여 이르되 내 마음이 여호와로 말미암아 즐거워하며 내 뿔이 여호와로 말미암아 높아졌으며 내 입이 내 원수들을 향하여 크게 열렸으니 이는 내가 주의 구원으로 말미암아 기뻐함이니이다(삼상 2:1).

한나의 찬양 속엔 거만하고 거들먹거리는 자를 경멸하는 내용도 있다. 그만큼 브닌나나 주위 사람들로부터 '자식을 못 낳는 여인'이라고 괄시받았던 때가 한나에겐 얼마나 잔인한 세월이었는가를 웅변해 준다. 거기엔 또 반대로 가난한 자, 멸시받는 자를 보호하시고 높이시는 하나님에 대한 내용이 나온다. 이것은 한나의 간증이지만 하나님의 속성을 그대로 담고 있다.

> 잘난 체 지껄이는 자들아, 너무 우쭐대지 마라. 거만한 소리를 입에 담지 마라. 야훼는 사람이 하는 일을 다 아시는 하나님, 저울질하시는 하나님이시다. 힘 있는 용사의 활은 꺾이고 비틀거리던 군인은 허리를 묶고 일어나게 되리라. 배불렀던 자는 떡 한 조각 얻기 위하여 품을 팔고 굶주리던 사람은 다시는 굶주리지 않게 되리라. 아이 못 낳던 여자는 일곱 남매를 낳고 아들 많던 어미는 그 기가 꺾이리라.(삼상 2:3~5, 공동번역)

그러나 여기서 잊어서는 안 될 게 있다. 사무엘상은 단순히 불쌍한 여인 한나가 간절히 기도했더니 아이를 낳게 되고 복을 받게 되었다는 내용으로 끝나면 안 된다는 것이다. 거기엔 불쌍한 한 여인을 통해 이스라엘을 구원하시려는 하나님의 구원사적 섭리가 깔려 있기 때문이다. 한나가 잉태하지 못한 것은 자신의 잘못 때문이 아니었다. 하나님의 섭리 때문이었다. "그러나 여호와께서 그에게 임신하지 못하게 하시니"(삼상 1:5). 그렇다면 애를 못 낳는 것 때문에 한나가 받아야 했던 그 극심한 멸시와 설움은 어떻게 이해해야 할까? 그것은 옥동자를 낳기 위한 극심한 산통으로 봐야 한다.

한나는 애를 낳지 못하고, 멸시를 받았기 때문에 괴롭고 슬펐다. 그리고 그 괴롭고 슬픈 마음을 하나님께 애통해하며 호소했다. 마침내 자신에게 아들을 주신다면 그 아들을 하나님께 바치겠다고 서원까지 했다.

한 여인의 한 맺힌 기도가 이스라엘의 지도자를 낳다

바로 그것이었다. 하나님께서는 그렇게 자원해서 헌신하는 걸 찾고 계셨던 것이다. 성경에 등장하는 대부분의 선지자는 하나님의 부르심을 받고 선지자가 된다. 물론 사무엘도 하나님의 음성을 듣고 부름을 받지만 그가 선지자로 살게 된 결정적 계기는 어머니 한나의 헌신에 있었다. 그런 어머니의 기도와 헌신을 하나님은 받으시고 사무엘을 이스라엘의 영적·정치적 지도자로 삼아주셨다.

여기엔 당시 이스라엘의 위태한 상황과도 관련이 있다. 모세의 뒤를 이은 여호수아의 가나안 땅 정복과 땅 분배 이후 사울이 이스라엘의 초대 왕으로 등극하기까지는 약 200년의 틈이 있다. 그 기간 하나님께서는 이스라엘의 등불 같은 사사들을 때마다 일으키셔서 이스라엘을 한데 모으고, 외적들의 침략으로부터 지켜주셨다. 그 마지막 사사는 사무엘이었다. 하지만 여호와 하나님만을 믿는 이스라엘의 신앙 체계는 내부에서부터 급격하게 허물어지고 있었다. 제사장인 엘리 가문의 타락이 그것을 말해주고 있다. 엘리의 아들인 홉니와 비느하스는 하나님께 드리는 제물을 훔치고, 제물을 드리는 여인들을 겁탈했지만 엘리는 그런 자녀들을 훈계해서 바꿀 만한 권위가 없었다. 결국 이러한 영적 타락은 블레셋과의 싸움에서 패하고 법궤까지 빼앗기는 참상으로 이어진다. 이스라엘 백성들의 하나님에 대한 신앙은 급격하게 흔들리게 되고, 마침내 왕정 체제의 도입을 요구하는 사태로까지 번진다. 어떻게 보면 하나님을 믿는 신앙 하나로 출애굽을 해서 가나안 정착까지 하게 된 그 이스라엘의 정체성마저 송두리째 흔들리는 절체절명의 위기 상황이었다. 이런 사태를 돌려놓지 않는다면 이스라엘을 통해 인류를 구원하시려던 하나님의 구원 계획마저 변경될 수 있었다.

사무엘이라는 지도자는 바로 그런 상황 속에서 등장했다. 하나님은 사무엘을 이스라엘의 지도자로 삼으시기 위해 그에게 권위를 부어주셨다. 사무엘이 한 말은 어떤 것이든지 다 이루어지는 일로 나타났다. 사무엘의 역할은 분명했다. 우상 숭배에 빠지고 하나님에 대한 신앙이 희미해진 이스라엘의 마음을 다시 하나님께로 돌려놓는 것이었다.

> 사무엘이 이스라엘 온 족속에게 말하여 이르되 만일 너희가 전심으로 여호와께 돌아오려거든 이방 신들과 아스다롯을 너희 중에서 제거하고 너희 마음을 여호와께로 향하여 그만을 섬기라 그리하면 너희를 블레셋 사람의 손에서 건져내시리라(삼상 7:3).

사무엘의 말을 듣고 이스라엘 백성들은 우상 숭배를 버리고 하나님께로 돌아온다. 마침내 빼앗겼던 법궤도 찾게 되고, 훼파되었던 성전도 새롭게 정비하게 된다. 그런 사무엘을 통해 하나님은 이스라엘의 왕 사울과 다윗을 세우신다. 사실상 이스라엘이 국가의 정체성을 갖게 된 배경엔 사무엘이라는 영적 거장이 있었다. 그리고 그 영적 거장 뒤엔 슬픔이 많았던 여인 한나의 기도가 있었다. 불행했던 한 여인의 기도가 이스라엘이라는 위대한 나라를 만든 것이다. 그러므로 곡절 많은 삶을 살았거나 살고 있는 권사의 삶이 위대한 공동체를 낳는 믿음의 열쇠가 되는 것이다.

모세를 구한 세 여인

16

역사라는 무대는 어떻게 보면 남성이 주인공으로 활약하고 여성은 무명의 배우로 조연 역할밖에 하지 못하는 곳으로 보일 수 있다. 역사의 무대를 주름잡았던 수많은 위인들을 보라. 다윗, 솔로몬, 소크라테스, 알렉산드로스, 나폴레옹, 넬슨 만델라, 세종대왕, 이순신……. 위대한 인물들은 대부분 남성이었다고 해도 과언이 아니다.

그러나 성경은 위대한 출애굽 역사의 서막을 열어젖힌 이들이 여성들이었음을 말해주고 있다. 그 여성들은 바로 모세의 어머니 요게벳, 모세의 누이 미리암, 그리고 이집트 바로 왕의 딸이다. 결국 영웅을 통한 역사의 변혁은 여인들에 의해 시작되는 것임을 웅변한다.

이제 이집트 땅에서 크게 이름을 떨쳤던 요셉도 사람들의 기억 속에서 희미해질 만큼 세월이 흘렀다. 새로 등극한 이집트 왕은 히브리인 요셉이 이집트에 얼마나 크게 기여했는가를 전혀 기억하지 못했다. 70여 명의 이민으로 시작된 히브리인은 이제 이집트에서 무시할 수 없을 만큼 커다란 세력으로 불어나 있었다.

핍박받는 히브리인, 그러나……

어느 세력이든지 수적으로 많아지면 정치력도 그만큼 커질 수밖에 없다. 더군다나 이방인으로서 그렇게 된다면 자국인들의 집중 견제를 받는 것은 어쩌면 당연하다. 그래야 자국인들의 정치, 경제, 사회 전반을 안전하게 유지할 수 있기 때문이다. 이집트의 바로 왕은 드디어 히브리인들을 견제하기 시작했다. 이들을 '히브리인'이라고 성경에 기록한 것은 국가가 없는 떠돌이 백성이었음을 암시하고 있는 것이다. 그들이 주로 종사하는 일도 국가 노역과 관련되어 있었다.

그런 히브리인들에게 바로 왕은 핍박을 가했다. 노역을 강화한 것이다. 아무래도 육체적·경제적으로 힘들게 되면 정치적 세력화는 약화될 수밖에 없다고 본 것이다. 하지만 역설적이게도 히브리인들은 핍박을 받으면 받을수록 숫자가 더 늘어났다.

보다 못한 바로 왕은 드디어 히브리인 말살을 획책한다(출 1:16). 산파들을 통해 남자 아기는 무조건 죽이라고 한 것이다. 하지만 산파들은 왕의 명령에 따르지 않았다. 왕명을 따르지 않으면 큰 형벌이 가해질 것이 뻔한 상황에서 산파들은 왜 왕명을 따르지 않은 것일까? 성경은 그들이 "하나님을 두려워했다"고 말하고 있다. 산파들이 이집트 사람이었는지 아니면 히브리인이었는지는 분명하지 않다. 중요한 것은 그들이 하나님을 경외하는 사람들이었고, 바로 왕보다 하나님을 더 두려워하고 경외했다는 것이다.

산파들의 이런 행동을 놓고 '왜 국법을 어기느냐?'고 할 사람들이 있을지도 모르겠다. 그러나 하나님께서는 히브리 남자 아기들을 죽이는 게 아니라 살려두는 게 법이었다. 그것은 인륜의 법이기도 했지만 하나님의 법과 뜻에도 합치한 행위였다. 국법을 거부하고 하나님 법에 순종했을 때 산파들은 극심한 오해와 눈총을 받았겠지만 하나님으로부터 복을 받을 수 있었다(출 1:21). 그것은 바로 가정을 갖게 된 것이다. 당시 산파는 평생 독신으로 살 수밖에 없었는데 그런 그들이 가정을 갖게 된 것은 기적 같은 일이었다. 하나님을 경외한 용감한 행동의 결과다.

그러자 바로 왕은 더 강력한 법을 들이댄다. 그것은 히브리인 남자 아기들은 무조건 나일 강에 빠뜨리라는 명령이었다. 히브리인들은 이제 하나님을 경외하는 산파들의 노력으로는 결코 막을 수 없는 절체절명의 순간에 직면했다. 어쩌자고 이런 상황에서 모세는 태어났을까? 모세는 당연히 죽을 수밖에 없는 운명이었지만 누이의 자그마한 행동으로 기적같이 나일 강에서 바로 왕의 딸에게 건짐을 받는다. 만약 국법이 무서워 모세를 나일 강에 그냥 던졌다면 모세라는 훌륭한 지도자는 탄생할 수 없었을 것이다.

요게벳, 미리암, 바로의 딸

어쨌건 훗날 역사의 주인공이 되는 모세를 구한 건 누이 미리암의 지혜롭고 용기 있는 행동, 그리고 그날 따라 나일 강가에 나타났던 자애심 깊은 바로 왕의 딸이었다.

또한 출애굽의 기적이 이루어진 데는 모세의 어머니 요게벳의 사랑과 신앙이 있었다. 요게벳은 이집트 공주의 배려로 젖을 뗄 때까지 약 3~4년 동안 모세를 키웠다. 바구니에 담아 나일 강에 흘려보낸 아기 모세를 자기 품에 다시 안았을 때 요게벳의 심정은 어땠을까? 아마 양 한 마리를 잃었다가 다시 찾은 목자의 기쁨 같은 큰 기쁨이 있었을 것이다. 요게벳은 모세를 몇 년 후면 바로의 궁전으로 돌려보내야 했기 때문에 짧은 시간이지만 그 기간만큼이라도 철저한 신앙 교육을 시켰다. 그 신앙 교육 속엔 아마도 "아이가 나중에 크면 히브리 민족을 이집트의 압제에서 구하는 데 쓰임받게 해달라"는 간절한 바람과 기도도 들어 있었을 것이다. 모세가 애굽 궁전에 인도된 뒤 성년이 되어 성 밖에 나갔다가 히브리인을 때리는 이집트 군인을 보고 그를 때려죽이는 장면은 그 어머니 요게벳의 신앙 교육이 어느 정도였을지 읽을 수 있는 대목이다(출 2:11~12).

모세는 비록 당시 히브리인으로서는 누리기 힘든 궁전의 모든 혜택을 받고 있었지만 마음은 지금도 모진 고통을 당하는 히브리인들에게 가 있었다. 히브리인들을 사랑하는 마음이 굳건히 자리하고 있었다는 말이다.

　사람들은 보통 고생하다가 부유해지면 고생했던 기억은 모두 잊어버린다. 특히 그때와 관련된 사람들조차 경멸하는 경향이 있다. 그런데 모세는 어린 시절부터 청소년기까지 이집트 궁전에서 자란, 어떻게 보면 아기 때의 것은 전혀 기억조차 못할 상황인데도 그의 혈관 속엔 '히브리인'이라는 정체성이 조금도 흐려지지 않은 채 또렷하게 흐르고 있었다. 어떻게 그것이 가능했을까?

　그것은 어머니의 신앙 교육이 아니고서는 설명할 수 없다. 물론 '하나님이 출애굽이라는 역사를 위해 모세를 미리 택하시고, 그를 영웅으로 삼으셨으니까 어릴 적부터 특별하지 않았겠나'라고 반문할 수도 있다. 하나님은 특별한 역사를 위해 특별한 사람을 특별하게 쓰신다는 관점에서 보면 충분히 그런 질문이 가능하다.

　하지만 모세는 특별하지 않았다. 그가 이집트 군인을 죽이고 광야로 도망가서 무려 40년 동안이나 평범한 사람으로 살아간 것도 그렇고, 하나님이 그를 출애굽의 주역으로 부르셨을 때 머뭇거리고 회피하던 겁쟁이의 모습에서도 특별함은 찾아볼 수 없었다.

　모세가 히브리인의 정체성이 분명했던 건 그가 특별했다기보다는 어머니의 기도, 어머니의 신앙이 특별했다고밖에 볼 수 없다. 물론 이 모든 것도 다 하나님의 은혜에 속하는 것이다.

　여기서 간과하지 말아야 할 것이 있다. 하나님은 왜 모세를 택하셨을까? 하는 점이다. 물론 하나님의 은혜이고, 어머니의 간절한 신앙 때문이지만 그것보다 더 큰 것은 바로 이스라엘 백성을 위해서라는 점이다. 하나님은 어서 이스라엘 백성들을 출애굽시켜서 오래 전 아브라함에게 약속했던 가나안 땅에 정착하게 하려는 계획을 가지고 계셨다. 그리고 모세는 그런 이스라엘 백성을 사랑하는 마음이 있었다. 그 두 가지가 딱 들어맞은 것이 바로 출애굽 사건이다.

하나님은 이스라엘 백성을 위하여 모세를 선택하셨고, 그 모세를 구하기 위하여 요게벳, 미리암, 바로의 딸을 사용하신 것이다.

지금 이 땅, 이 민족, 세계 열방을 위한 하나님의 뜻과 계획은 무엇인가? 내가 지금 하고 있는 일은 그 하나님의 뜻, 계획과 어떤 연관이 있는가?

17 권사의 표상 막달라 마리아

증인은 그리스어로 마르투스(martus)다. '순교자'를 뜻하는 영어 'martyr'가 여기서 나왔다. 이 용어가 성경 번역에 사용되면서 기독교에서는 보편화되었다. 그러니까 참된 증인은 곧 순교자인 셈이다.

교인들에게 너무나 익숙하면서도 소중한 말씀은 "오직 성령이 너희에게 임하시면 너희가 권능을 받고 예루살렘과 온 유대와 사마리아와 땅끝까지 이르러 내 증인이 되리라 하시니라"(행 1:8)라고 할 수 있다. 여기서의 '증인'이 바로 마르투스, 즉 순교자다.

실제 사도행전을 보면 스데반이 예수님의 증인으로 순교했고, 비록 순교 장면은 보여주고 있지 않지만 바울과 베드로 등 예수님의 제자들도 예수 부활을 헌신적으로 증언함으로써 순교에 참여했다.

사도행전에 등장하지 않고, 예수님의 열두 제자에게도 속하지 않았지만 예수님의 사역의 처음부터 끝까지 함께했던 여인이 있다. 바로 막달라 마리아다. 예수님의 곁에서 앞장서서 예수님을 보호하고 대중 전도를 했던 사람들은 모조리 남자였다. 하지만 막달라 마리아처럼 보이지 않는 곳에서 예수님을 돕고 기도하는 일은 오롯이 여성들의 몫이었다. 그래서 남성의 사역은 드러나지만 여성의 사역은 좀처럼 드러나질 않는다.

하지만 막달라 마리아는 4복음서 모두에 등장한다. 그것도 예수님의 부활을 가장 먼저 목격한 증인으로서 나타난다. 예수님을 돕고 기도하던 여인들이 왜 막달라 마리아 한 사람뿐이었겠는가. 그럼에도 이러한 상징성 때문에 막달라 마리아의 이름이 4복음서에 모두 실려 있는 것이다. 막달라 마리아, 그녀는 도대체 어떤 여인이었고, 어떻게 예수님을 따르며 섬겼을까?

예수님의 죽음에까지 동행한 마리아

막달라 마리아는 '막달라 지방의 마리아'라는 뜻이다. 막달라는 갈릴리 호숫가에 있는 동네로 말하자면 항구 도시였다. 갈릴리 바다 북서쪽 해안 디베랴 북쪽 5킬로미터에 위치해 있던 지역이다. 염색 공업, 토기 제조, 물고기 가공이 활발했던 산업 도시다.

예수님 당시 이곳에는 큰 생선 가공 공장이 있어서 훈제 생선을 만들어 전국에 유통했다고 전해진다. 아람어 막달라는 히브리어로

'막딜'인데 이는 '탑'을 의미한다. 그러니까 높은 건물을 보기 힘들었던 갈릴리에서 생선 공장의 높은 굴뚝을 가리키던 명칭이 지역 이름이 된 것이라고 전해진다.

막달라는 디베랴, 게네사렛 등과 함께 갈릴리의 4대 도시 중 하나다. 성경에도 나와 있듯이 로마 시대에는 로마 군인들의 점령지였다. 갈릴리 호수 서쪽에 있는 디베랴가 헤롯 대왕의 아들 안티파스가 새롭게 건설해 로마 황제 티베리우스에게 선물로 바친 곳이었다는 것을 생각해 보면 당시 갈릴리에 대한 로마의 치세가 어땠을지 짐작할 수 있다.

마리아가 태어나고 자란 막달라는 바로 이런 곳이었다. 하지만 요란할 것 같은 고정관념과는 달리 오늘날 그곳을 여행하고 온 사람들의 얘기를 들어보면 너무나 평화롭고 온화한 분위기라고 한다. 로마 시대에는 아마 분위기가 달랐을 것이다. 식민 치하를 살아야 했던 사람들은 하나같이 쓰라림, 억눌림에 시달리고, 그에 대한 반작용으로 자유와 해방을 위한 강렬한 열망에 사로잡힐 수밖에 없다.

더군다나 막달라 마리아는 일곱 귀신이 들렸던 여인이다. 사람들로부터 외면받고 삶의 희망조차 갖기 힘든 상황에 처했던 여인임을 보여준다. 그런 그녀가 예수님을 만나고 완전히 달라진 삶을 살아간다. 예수님을 따르는 제자가 된 것이다.

그후에 예수께서 각 성과 마을에 두루 다니시며 하나님의 나라를 선포하시며 그 복음을 전하실새 열두 제자가 함께 하였고 또한 악귀를 쫓아내심과 병 고침을 받은 어떤 여자들 곧 일곱 귀신이 나간 자 막달라인이라 하는 마리아와 헤롯의 청지기 구사의 아내 요안나와 수산나와 다른 여러 여자가 함께 하여 자기들의 소유로 그들을 섬기더라(눅 8:1~3).

비록 성경에 자세하게 기록되어 있진 않지만 누가복음 8장 3절의 기록으로 봐서 막달라 마리아를 비롯한 몇 명의 여인들은 자신들의 재산을 팔아 그 돈으로 예수님과 제자들이 쓸 것을 공급했던 것 같다. 그러한 섬김과 보살핌은 예수님이 갈릴리에서 사역하시던 때부터 예루살렘으로 올라가 십자가에 못 박혀 죽으시는 날까지 계속됐다. 아마 예수님 승천 후 사도행전의 놀라운 복음 전파 과정에서도 그들은 예수님과 열두 제자를 섬기듯 자신들의 소유로 사도행전의 신도들을 섬겼을 것이다.

이러한 철저한 헌신의 동기는 바로 예수님께서 자신들의 병과 악귀를 쫓아내는 걸 경험했기 때문이다. 즉, 받은 은혜가 그만큼 컸기 때문이다. 단순히 긍휼의 마음만 가지고 있었다면 몇 번 돈을 후원하고 손발로 봉사하는 일은 가능했겠지만 예수님의 죽음에까지 동행하는 일은 결코 없었을 것이다.

이들에겐 예수님의 죽음이 끝이 아니었다. 예수님의 죽음 후에 예수님을 장사지내는 것까지 염두에 두고 있었다. 그것이 예수님이 생전에 말씀하셨던 부활에 대한 믿음이 있었는지까지는 말해주고 있지 않다. 어쨌든 예수님의 십자가 곁에는 막달라 마리아를 비롯해 예수님의 어머니 마리아, 글로바의 아내 마리아 등 여러 명의 마리아와 여인들이 있었다. 이들은 십자가 멀리 서서 예수님이 큰소리를 지르며 마지막 숨을 거두는 장면을 지켜봤고, 그것을 보던 백부장이 "이 사람은 진실로 하나님의 아들이었다"라고 한 말도 듣게 된다. 한마디로 예수님의 죽음과 그 죽음을 둘러싼 반응과 전후 사정을 가장 가까이서 보고 들은 사람들이 된다.

섬김은 은혜에서부터

　예수님의 십자가 죽음이 제자들에게 몰고 온 공포는 엄청났을 것이다. 제자들은 예수님이 "장사된 지 3일 만에 다시 살아날 것"이라고 하셨던 말씀을 전혀 기억하지 못하고 있었다. 여인들은 예수님을 장사지내기 위해 미리 준비해둔 향료를 안식 후 첫날 이른 새벽에 무덤에 가지고 갔다. 여기엔 막달라 마리아와 다른 마리아가 함께했다. 다른 여인들도 있었는지는 명확하지 않다.
　다만 요한복음은 여러 여인들 중에서 막달라 마리아를 집중 부각시키고 있다. 예수님의 시체가 없어진 것을 보고 가장 먼저 제자들에게 달려가 전한 이도 막달라 마리아고, 예수님께서 부활 후 가장 먼저 찾아가 만나주신 사람도 막달라 마리아였다. 그때 막달라 마리아는 자신에게 나타난 사람이 바로 부활하신 예수님임을 직감적으로 알게 된다.

예수님께 받은 은혜가 컸던 막달라 마리아는 자신의 모든 것을 다 바쳐 예수님과 제자들을 섬겼다. 그런 막달라 마리아의 섬김을 예수님은 부활 후 가장 먼저 그녀에게 나타나심을 통해서 갚아주셨다.

아마 이 모습을 묘사해놓은 요한복음 20장의 기록은 기록자인 사도 요한을 비롯해 베드로 등 내로라하는 예수님의 제자들에게는 상당히 불편한 장면이었을 수도 있다. 왜냐하면 예수님이 부활하셨다면 가장 먼저 나타나셔야 할 대상은 당연히 열두 제자이어야만 하기 때문이다. 그만큼 막달라 마리아의 존재는 눈에 띄었고, 상징성이 있었고, 당대의 크리스천들에겐 존경과 우러름의 대상이 되었을 것이다.

지난해 봄에 개봉한 영화 「막달라 마리아」는 마리아를 '여성 사도'로 그리고 있다. 막달라 마리아를 베드로와 똑같은 반열인 '사도'의 위치로 올려놓는 데 무려 2,000년의 시간이 필요했다는 페미니즘적 시각이 있음을 부인하긴 어렵다. 그럼에도 그저 '큰 은혜를 받았던 한 여인'쯤으로 알고 지나치는 막달라 마리아를 예수님 부활의 증인이자 사도로 부르셨다는 시각은 신선하다. 그리고 예수님께 받은 은혜 때문에 섬기고 헌신한 것을 예수님은 반드시 기억하시고 갚아주신다는 걸 막달라 마리아를 통해 마음에 새길 필요가 있다. 그러기에 막달라 마리아는 영원한 권사의 표상이라고 할 수 있다.

18

루디아,
헌신적인 섬김의 신앙을 보여주다

우리가 흔히 '마게도냐인의 환상'으로 부르는 바울의 유럽 선교의 첫 번째 도시는 빌립보였다. 그 도시에서 첫 번째 세례자가 나오는데 그 이름이 루디아다. 성경은 바울과 루디아의 만남에 대해 이렇게 설명하고 있다.

우리가 드로아에서 배로 떠나 사모드라게로 직행하여 이튿날 네압볼리로 가고 거기서 빌립보에 이르니 이는 마게도냐 지방의 첫 성이요 또 로마의 식민지라 이 성에서 수일을 유하다가 안식일에 우리가 기도할 곳이 있을까 하여 문 밖 강가에 나가 거기 앉아서 모인 여자들에게 말하는데 두아디라 시에 있는 자색 옷감 장사로서 하나님을 섬기는 루디아라 하는 한 여자가 말을 듣고 있을 때 주께서 그 마음을 열어 바울의 말을 따르게 하신지라 그와 그 집이 다 세례를 받고 우리에게 청하여 이르되 만일 나를 주 믿는 자로 알거든 내 집에 들어와 유하라 하고 강권하여 머물게 하니라(행 16:11~15).

빌립보 교회의 초석이 된 루디아의 집

안식일에 기도처를 찾던 바울 일행이 강가에 모인 여자들에게 복음을 전하는데 그 무리 중에 루디아가 있었다. 당시 루디아는 이미 하나님을 섬기는 사람이었다. 이 때문에 루디아를 디아스포라 유대인으로 보기도 한다. 바울이 전하는 말씀을 듣고 루디아와 그 집이 다 세례를 받는다. 루디아는 바울 일행을 초대해 자신의 집에 머물게 한다. 이것이 바로 빌립보 교회의 초석이 된다.

루디아는 상당한 재력을 가진 여성이었다. 루디아는 두아디라 출신으로 유럽과 아시아를 오가며 자색 옷감 장사를 하고 있었다. 두아디라와 사데 지역의 자색 옷감은 당시 세계적인 제품으로 서민들은 감히 사 입을 엄두도 못 내는 고가였다. 이들 지역에서는 옷감 외에도 면직물, 견직물, 염료 공업이 발달했다.

루디아가 머물러 있던 빌립보는 기원전 4세기에 알렉산드로스의 아버지인 빌립이 자신의 이름을 따서 지은 도시 이름이다. 약 기원전 1세기 말에 로마의 식민지가 되었다. 빌립보는 마게도냐 네 개 지역 중에서 가장 큰 도시였다. 그만큼 산업 활동이 활발했던 곳이고, 사업가였던 루디아는 그곳을 배경으로 옷감 장사를 하고 있었다.

루디아는 사업으로 돈을 많이 벌었지만 무엇보다 그녀는 하나님을 경외하는 마음이 충만했다. 하나님이 바울을 만나게 하시고, 그 바울을 통해 복음을 듣게 하셨으니 말이다. 그리고 그 복음을 들었을 때 마음이 열려 바울의 말을 따르고, 자신과 온 집안이 다 세례를 받게 된다.

심지어 어떤 이는 바울이 본 마게도냐인의 환상 속에 등장하는 마게도냐인이 루디아였다고 말하기도 한다. 그러니까 루디아 때문에 하나님이 바울의 진로를 바꿔 아시아가 아닌 유럽으로 향하게 하셨다는 것이다. 바울에게는 유럽 대륙의 첫 관문인 마게도냐가 선교의 첫 도시였고 첫 세례자가 루디아였으니, 그렇게 생각하는 것도 무리는 아니다.

하지만 복음 전도는 늘 환대만 있는 것이 아니다. 모진 고난과 핍박이 기다리고 있었다. 바울이 점치는 사람에게서 귀신을 쫓아냈더니 점 치는 자가 자신의 돈벌이에 방해가 되는 바울 일행을 잡아다가 관원들에게 고발해버린 것이다. 다음 날 감옥에서 풀려난 바울 일행이 간 곳은 역시 루디아의 집이었다. 사도행전 16장 40절에 "두 사람이 옥에서 나가 루디아의 집에 들어가서 형제들을 만나보고 위로하고 가니라"라는 표현이 등장하는 걸로 봐서 이미 루디아의 집을 기반으로 빌립보 교회가 시작되었음을 알 수 있다.

이것은 브리스길라와 아굴라 부부를 연상케 한다. 이들은 천막 만드는 일을 했고, 고린도에서 동종 직업을 가진 바울을 만난다. 글

라우디오의 박해가 심해지자 부부는 자신의 집을 예배 처소로 쓰도록 했다. 고린도 교회는 그렇게 해서 시작되었다. 신실한 주의 사람들이 자신의 소유를 하나님 앞에 내놨을 때, 하나님은 그것을 통해 당신의 교회를 시작하신 것이다. 그리고 그 교회를 통해 기독교는 더욱 튼실하게 지어져갔다.

지금도 빌립보에 가면 루디아의 헌신을 기념하는 교회가 서 있다. 그 마당엔 루디아가 무릎 꿇고 바울에게서 세례받는 동상이 있다. 한 여인의 헌신적인 섬김으로 유럽 대륙의 첫 도시 빌립보에 주님의 교회가 우뚝 세워질 수 있었던 것이다.

교회는 다양한 사람들의 헌신과 봉사로 세워져간다. 특히 자신의 물질, 마음, 몸, 시간을 드리는 권사의 헌신은 바로 루디아, 브리스길라와 아굴라의 모습이라고 할 수 있다. 그리고 지금도 그런 헌신과 수고가 이어지고 있는 것을 보게 된다.

루디아 같은 권사님들

한국 교회 곳곳에도 루디아와 같은 헌신된 권사들이 많다. 목회자와 교인들 간의 갈등으로 많은 사람들이 떠나간 A 교회를 지키고 있는 권사님, 그녀는 지금도 주방 봉사, 청소 등 교회 구석구석을 섬기는 일과 주일학교 아이들을 위한 일에 가장 앞장서고 있다. 그녀는 지금도 새벽마다 '온 교인의 헌신과 땀으로 만드는 멋진 예배당을 건

축하는 일'을 위해 간절히 기도하고 있다.

　B 교회 한 권사님은 남편의 실직과 부모님의 병환이 겹쳐서 큰 고통에 빠졌지만 더 힘을 내어서 교회를 섬기고 봉사했다. 그리고 남편은 옛 직장에 다시 복귀했고, 부모님의 병환은 완쾌는 아니지만 조금씩 나아지고 있다. "무엇보다 주님 앞에 나 자신을 드리는 게 더 큰 축복이라는 걸 고난을 통해 비로소 알게 됐다"는 게 그녀의 고백이다.

　B 교회 교인들은 그 권사님의 모습을 통해 힘들수록 더 주님을 잘 섬기는 것이 복임을 깨닫고 있다.

　흔히 역사를 이끌어가는 사람은 창조적 소수, 강력한 리더십이라는 말을 한다. 그러나 꼭 그런 것은 아니다. 이름 없는 여인의 기도와 헌신이 역사의 물줄기를 바꿔놓을 수 있다. 만약 바울에게 마게도냐인의 환상이 없었다면 오늘날 아시아가 유럽이 되고 유럽이 아시아가 되지 않았을까. 마게도냐인의 환상이 있었기 때문에 유럽이 유럽되고, 아시아가 아시아가 될 수 있었던 것이다.

　그 마게도냐인의 환상은 루디아라는 한 여인의 신앙이었다. 하나님을 경외하며, 복음을 사모하던 그녀에게 하나님은 바울을 보내신 것이다. 지금도 마찬가지다. 이름 없는 한 여인의 신앙을 통해 세상의 물줄기는 바뀌어 흘러갈 수 있다. 그것은 한 교회의 부흥일 수도 있고, 한 나라의 흥망일 수도 있다.

　바울은 빌립보 교인들을 향해 다음과 같이 고백한다.

내가 너희를 생각할 때마다 나의 하나님께 감사하며 간구할 때마다 너희 무리를 위하여 기쁨으로 항상 간구함은 너희가 첫날부터 이제까지 복음을 위한 일에 참여하고 있기 때문이라 너희 안에서 착한 일을 시작하신 이가 그리스도 예수의 날까지 이루실 줄을 우리는 확신하노라 내가 너희 무리를 위하여 이와 같이 생각하는 것이 마땅하니 이는 너희가 내 마음에 있음이며 나의 매임과 복음을 변명함과 확정함에 너희가 다 나와 함께 은혜에 참여한 자가 됨이라(빌 1:3~7).

바울에게 빌립보 교회는 기쁨이요 면류관이었다. 바울과 함께 끝까지 흔들리지 않고 복음을 향해 전진하는 교회였다. 빌립보 교회는 어떻게 그런 견고한 교회로 설 수 있었을까? 바울과 실라의 고난과 기적, 교인들의 헌신적인 노력 등이 한데 합쳐져서 그런 단단한 교회가 세워졌다. 그리고 루디아라는 한 여인의 헌신적인 섬김이 거름이 되었던 것이다.

하나님은 당신의 교회를 위해 지금도 루디아 같은 하나님을 경외하며 헌신된 교인들을 찾고 있다. 그리고 그런 교인을 통해 교회를 세우고, 나라를 세우신다.

19
웨슬리 어머니 수산나의 바른 자녀 교육

훌륭한 자녀의 뒤에는 반드시 훌륭한 어머니가 있다. 감리교 운동을 통해 18세기 타락한 영국을 지킨 존 웨슬리의 어머니 수산나 웨슬리가 그렇다. 그녀는 열 명의 자녀를 철저한 신앙으로 교육해 영국이 복음에서 벗어나지 않도록 하는 데 크게 기여한 여인이다. 교회의 어머니이자 가정의 어머니들인 권사의 롤모델인 것이다.

수산나에게 하나님이 맡기신 열 자녀

수산나는 그 어려움이 한창이던 1669년, 25명의 형제 중 막내로 태어났다. 가정교육의 영향으로 10대 때부터 그리스어, 라틴어, 프랑스어를 구사했고, 신학 서적 등 경건 서적에도 조예가 깊었다. 그만큼 재능 많은 아이로 통했다. 수산나는 열아홉 살 때 7년 전 처음

만났던 사무엘 웨슬리와 결혼했다. 21년 동안 무려 19명의 자녀를 낳았고, 그 자녀 중 아홉 명은 끝내 성장에 이르지 못하고 어려서 죽고 만다. 그녀는 남은 열 명의 아이들이(3남 7녀) 하나님이 자신에게 맡긴 자녀들이라고 믿고 철저한 신앙교육을 시켰다.

늘 빠듯하고 어려운 살림을 살면서 열 명의 아이들을 교육해야 했던 수산나는 두 번씩이나 집에 화재가 나 재산은 물론이거니와 생명을 잃을 뻔한 위기를 겪기도 했다. 그 와중에 일곱 살이던 존 웨슬리가 집 2층에 있다가 목숨을 잃을 뻔했지만 이웃의 도움으로 겨우 생명을 건진 적이 있다. 이 때문에 수산나는 존 웨슬리에게 "평생 하나님 앞에 헌신하라고 너를 '불에서 꺼낸 그슬린 나무'처럼 목숨을 건져주신 것"이라고 가르치기도 했다.

수산나는 직접 아이들을 가르쳤다. 치밀한 계획에 따라 각자의 눈높이에 맞는 교육을 했다.

- 한번 세운 규칙은 한 치의 양보 없이 철저히 준수한다.
- 규칙에 대한 상벌은 반드시 주어진다.
- 모든 규칙은 실제 생활과 체계적인 연관성을 가진다.

이 세 가지는 그녀가 자녀 교육과 관련해 정한 원칙이다. 수산나는 이 원칙을 한 번도 벗어나지 않고 그대로 따랐다. 특히 아들과 딸을 평등하게 가르쳤고, 열 명 모두에게 헬라어와 라틴어를 배우게 했다. 매일 저녁시간엔 하루에 한 자녀씩, 한 시간 동안 엄마와 둘이서만 함께하는 시간을 가졌다고 전해진다.

존 웨슬리는 17세에 옥스퍼드 대학교에 입학했다. 거기서 히브리어, 헬라어뿐만 아니라 철학, 신학, 논리학 등 다양한 학문을 섭렵했다. 존 웨슬리에겐 '영국 감리교의 창시자', '부흥운동의 선구자'와 함께 '창조적 부흥운동가', '창조적 신학자'란 수식어가 늘 따라붙는다. 늘 방법론과 원칙을 우선시했던 그에게 '창조적'이란 표현은 얼핏 어울리지 않는 것 같기도 하다. 하지만 이 세상 모든 창조는 철저한 원칙 지키기에서 비롯된다는 걸 안다면 수긍이 간다. 모두 수산나의 자녀 교육이 가져온 열매라고 할 수 있다.

수산나의 가정만 청교도 집안이었던 것은 아니다. 존 웨슬리의 가문도 청교도의 전통을 잇고 있었다. 존의 아버지 사무엘 웨슬리는 철저한 청교도 집안의 사람이었다. 사무엘의 아버지는 옥스퍼드 출신으로 청교도 설교자요, 크롬웰(Oliver Cromwell)의 청교도 혁명에 가담하기도 했다. 17세기 중반 크롬웰을 중심으로 한 의회파가 왕당파를 몰아내기 위해 공화정치를 시행하면서 청교도 혁명은 절정에 달했다. 하지만 1660년 크롬웰의 사망으로 영국 사회는 다시 왕정으로 복귀하고 만다. 사무엘은 왕정복고 시대가 되자 성직에서 추방된다. 하지만 어려운 와중에도 가난한 이웃들을 돌보는 손길은 계속됐다.

사무엘은 1682년 청교도 대신 영국 국교회로 전향하기로 결정한다. 당시는 옥스퍼드 대학교에 입학하기 위해서는 반드시 국교회 신자여야만 했다. 그렇게 해서 사무엘은 옥스퍼드 대학교에 입학하고, 그때 수산나를 만나 수산나도 국교회로 전향시킨다. 하지만 청교도의 피만큼은 속일 수가 없었다.

사무엘은 옥스퍼드 대학교를 졸업한 뒤 1688년 영국 국교회 성직자가 되었다. 그리고 그해 11월에는 수산나와 결혼했다. 1697년부터는 인구 1,500명의 농촌인 엡윗 교구 담당 목사가 되었다. 가난한 교구에다가 딸린 자녀들로 인해 두 사람은 가난을 숙명처럼 떠안고 살아야 했다. 더군다나 두 사람은 개성마저 강했다.

사무엘은 여러 언어에 능통하고 연구에도 뛰어난 실적을 보였지만 현실 문제에는 무능하기만 했다. 반면 수산나는 아주 실제적인 성격으로 사무엘과 대조를 이뤘다. 어느 날 왕을 인정할 것인지 말 것인지를 놓고 심하게 다투는 바람에 두 사람은 한동안 별거를 하기도 했다. 존 웨슬리가 태어난 것은 두 사람이 다시 한 집에 살기 시작하고 나서다. 이 때문에 존 웨슬리를 '두 사람의 화해의 결실'이라고 부르기도 한다.

수산나의 자녀 교육

수산나는 존 웨슬리가 어릴 때뿐만 아니라 장성해서도 조언을 하는 등 영향을 끼쳤다. 1732년 존 웨슬리가 자녀 교육에 대한 자문을 구했을 때 수산나는 자녀 교육 방법을 다음과 같이 정리해서 웨슬리에게 보냈다.

"아이들은 처음부터 규칙적인 생활을 할 수 있도록 교육받아야 한다. 처음 3개월 동안은 주로 잠을 잘 것이며, 그다음에도 가능한 한 마음대로 돌아다니지 못하도록 요람에 있도록 해야 한다. 그리고 규칙적으로 재워야 한다. 한 살이 되었을 때는 매를 무서워하게 해야 한다. 아울러서 마음대로 울지 못하도록 해야 한다. 가능한 아이가 없는 집처럼 조용하게 만들어야 한다. 어느 정도 성숙한 다음에는 하루에 세 끼의 밥을 주어야 한다. 처음에는 식탁 옆에 작은 테이블을 마련하여 어른들이 식사하는 것을 보도록 해야 하며, 나이프와 포크를 사용할 수 있을 정도가 되었을 때, 함께 앉을 수 있도록 해야 한다. 식사는 마음대로 선택하지 못하고 어른들이 제공하는 것을 먹도록 해야 한다. 식사 사이의 간식은 절대로 허용해서는 안 된다. 이와 같은 훈련을 통해서 절제를 배워야 한다."

이것은 수산나가 존 웨슬리를 포함한 열 자녀를 키웠던 방법 그대로이기도 하다. 오늘날 어머니들로서는 결코 실행하기 쉽지 않은 원칙들이라고 할 수 있다. 하지만 이 원리, 이 방법대로 했을 때 존 웨슬리 같은 원칙에서 물러서지 않는 목회자가 나올 수 있었고, 그의 동생 찰스 웨슬리 같은 저명한 부흥운동가가 나올 수 있었다.

존 웨슬리는 감리교 운동을 하면서 규칙적인 생활을 했던 것으로 유명하다. 새벽 4시에 일어나 기도를 하고, 홀리클럽 회원들과 함께 정기적으로 성서를 읽고 기독교 고전을 연구했다. 그리고 교도소를 정기적으로 방문하는 등 봉사 활동에도 열심이었다. 이처럼 규칙을 정하고 규칙대로 해나가는 모습을 본 주위 사람들이 핀잔을 섞어 '규칙주의자'라는 의미의 '메소디스트(methodists)'라고 부른 것이 오늘날 감리교의 시작이 되었다. 하지만 늘 영적 좌절감을 맛봐야 했던 웨슬리는 미국 선교사로 활동하다가 귀국 도중 만난 모라비안 교도들의 경건하고 흔들리지 않는 신앙과 루터(Martin Luther)의 '로마서 서문'을 읽으면서 진정한 신앙인으로 거듭나게 된다. 그는 타락한 영국 국교회에 회개를 촉구하며 종교의 형식이 아닌 신앙의 삶과 실천이 중요함을 일깨웠다. 또한 당시 영국의 산업화와 함께 빈곤층이 속출하자 이들을 돕기 위한 구제 활동도 활발하게 벌인다. 그는 영국 국교회의 죽은 신앙과 산업화의 나락에서 영국을 구한 위대한 신앙인으로 추앙받고 있다.

어머니는 이처럼 위대하다. 영국 사회를 복음으로 지켜낸 위대한 존 웨슬리, 그 뒤엔 가난 속에서도 열 명의 자녀를 신앙으로 키워낸 수산나라는 여성이 있다. 교회가 타락했다고, 대한민국에 희망이 없다고 비판하거나 원망할 필요 없다. 나에게 맡겨진 자녀들을 철저한 신앙으로 교육한다면 그들이 곧 교회와 나라를 복음으로 바꿀 것이다. 18세기 영국을 바꾼 존 웨슬리처럼 말이다.

20
어거스틴 어머니 모니카의 눈물의 30년 기도

　기독교 2000년의 역사에서 가장 훌륭한 신앙인, 가장 위대한 신학자는 누구일까? 사람들은 아마 어거스틴(Aurelius Augustinus)을 꼽는 데 주저하지 않을 것이다. 무엇이 그를 그토록 위대한 신앙인이자 신학자로 만들었을까? 그 해답은 바로 어머니라고 해도 이견이 없을 것이다.

타고난 방탕아 어거스틴

　"하나님, 당신께서 저를 창조하셨으니 제가 당신 안에서 쉼을 얻기까지 제 영혼에는 안식이 없습니다."

　어거스틴의 『고백록』 머리말에 나오는 글이다. 어거스틴이 자신의 고백처럼 영혼의 안식을 얻기까지는 33년이라는 방황의 시간이 필요했다. 그것은 곧 어머니 모니카의 눈물의 30년 기도 시간이기도 했다.

어거스틴은 로마 제국의 식민지였던 북아프리카의 작은 마을 타가스테의 한 평범한 가정에서 출생했다. 아버지 파트리키우스는 이교도였고, 어머니 모니카는 조용하고 연약한 그리스도인이었다. 그에게는 천재성도 없었고, 그렇다고 그것을 대체할 부귀나 다른 요소도 없었다.

다만 어거스틴에겐 타고난 고집과 방탕아 기질이 있을 따름이었다. 어릴 적부터 공부를 싫어했고, 특히 그중에서도 헬라어 공부는 질색이었다. 그는 빈둥거리는 친구들과 어울리며 도둑질을 하기도 했다. 17세 때는 카르타고의 한 여인과 동거를 하기도 했다. 동거는 무려 15년간 이어졌고 아들도 낳았다. 물론 당시 로마 시대 문화에서 이것은 이상한 일은 아니었다. 또한 마니교에 빠져 삶의 의미를 찾고자 허우적거리기도 했다.

성인이 되고도 한참 지난 나이인 스물여덟 살에 어머니를 속여 당시로서는 가장 큰 도시였던 로마로 갔다. 세속적인 출세를 위해서였다. 거기서 다시 밀라노로 이주했다. 그는 밀라노의 권세 있는 정치인들과 교제하면서 자신의 세속적 야망을 더욱 쫓았던 것이다.

세속적 출세를 위해서는 거금이 필요했고, 그러려면 정식 결혼을 해서 결혼 지참금을 챙겨야 했다. 그는 15년 동안 동거하던 여인을 고향으로 보내고 자신에게 막대한 결혼 지참금을 약속한 여인과 약혼하게 된다. 그 약혼녀는 바로 어머니 모니카가 찾아준 사람이었다.

어거스틴의 방탕이 계속되는 동안 어머니 모니카의 눈물과 기도도 더욱 깊어지고 길어졌다. 특히 모니카는 밤마다 아들 어거스틴이 주님 품으로 돌아오길 눈물로 호소했다. 하루는 기도를 끝내고 잠을 자는데 꿈을 꾸었다. 모니카가 나무로 만든 자 위에 서 있는데, 키가 큰 청년이 다가오더니 미소를 지으며 왜 슬퍼하느냐고 물었다. 그러자 모니카는 "아들이 저렇게 타락의 길을 가고 있는데 어찌 슬퍼하지 않을 수 있겠느냐"고 대답했다. 그 청년은 "아들을 자세히 살펴보라"고 말했다. 모니카가 자세히 살펴보니 아들 어거스틴이 자신의 곁에 서 있는 게 아닌가. 그것은 결국 어거스틴이 다시 돌아온다는 것을 암시하는 꿈이었다.

이 꿈을 가지고 암브로시우스(Ambrosius) 감독에게 간 모니카는 아들 어거스틴이 돌아오도록 기도해달라고 부탁했다. 그러자 암브로시우스는 "잘 될 터이니 그만 돌아가시오. 눈물의 자식은 결코 멸망하지 않습니다"라고 대답했다는 유명한 일화가 있다.

결국 어거스틴은 세속적 야망을 추구했던 밀라노에서 회개하게 된다. 그 회개의 과정도 극적이다. 어거스틴은 밀라노에서 친구와 함께 생활했는데, 그때 아프리카의 동향인인 폰티키아누스(Ponticianus)를 만나 이집트 사막의 수도사 안토니우스에 관한 얘기를 듣게 된다. 어거스틴은 얘기를 듣고 친구에게 "우리에게 대체 무엇이 문제란 말인가? 자네는 무엇을 들었는가? 배우지 못한 자는 일어나 하늘을 붙잡는데, 우리는 온갖 학문을 닦았어도 마음이 보잘것없이 혈육 가운데 몸부림치고 있으니"라며 탄식했다고 한다.

그 부끄러움으로 정원 무화과나무 아래서 울부짖으며 기도하는데 마침 그때 이웃집 아이들의 노랫소리 같은 게 귀에 들어왔다. 그것은 "그것을 집어 읽으라. 그것을 집어 읽으라"는 것이었다. 어거스틴은 돌아와 성경을 집어 처음 눈에 들어오는 구절을 읽기 시작했는데 그것이 로마서 13장 13~14절이었다.

낮에와 같이 단정히 행하고 방탕하거나 술 취하지 말며 음란하거나 호색하지 말며 다투거나 시기하지 말고 오직 주 예수 그리스도로 옷 입고 정욕을 위하여 육신의 일을 도모하지 말라.

그 말씀은 곧 어거스틴의 흐릿한 마음속에 한 줄기 빛이 되어 임했다. 극적인 회심이었던 것이다. 그렇게 어거스틴의 삶을 지배하던 의심의 그림자는 모두 물러갔다. 그는 387년 부활절에 암브로시우스 감독으로부터 세례를 받았다. 자신의 아들, 친구와 함께.

마침내 어거스틴을 바꾼 모니카의 눈물과 기도

그리고 어거스틴은 자신의 개종은 전적으로 어머니의 기도 때문이라고 고백했다.

"그것은 어머니의 기도 때문입니다. 나는 이 사실을 주저 없이 인정합니다. 즉 하나님께서 내게 진리 발견이 무엇보다 중요하다는 마음, 그 밖에 아무것도 바라지 않고 그밖에 아무것도 생각하지 않고 그밖에 아무것도 사랑하지 않도록 된 마음을 주신 것은 어머니의 기도 덕분입니다. 그렇게 큰 유익을 볼 수 있도록 한 것이 어머니의 기도였던 것을 나는 의심치 않습니다."(『질서론』 제2권, 20장 52절).

어거스틴의 어머니 모니카는 인내와 온유의 성품으로 유명하다. 그렇기에 방황하던 어거스틴을 30년 넘도록 기다리며 기도할 수 있었고, 남편을 하나님께로 인도할 수 있었고, 자기를 미워하던 시어머니도 굴복시킬 수 있었다. 그녀의 이런 성품 때문에 모니카가 가는 곳에는 늘 화해의 역사가 있었다. 어거스틴은 "어머니는 우리 모두를 섬겼는데 마치 그녀가 우리 모두의 딸인 것처럼 행세했다"고 고백했다.

387년, 모니카는 아들과 고향으로 돌아오는 길에 죽음을 맞이한다. 9일간의 병상에서 어머니와 아들은 하나님의 영광을 경험하기도 했다. 병상의 모니카는 가끔 눈을 떠서 아들을 축복해주었다. 그리고 임종을 맞았다. 그때의 심정을 어거스틴은 이렇게 고백하고 있다.

"나는 내 손으로 어머니의 눈을 감겨드렸습니다. 측량할 수 없는 슬픔에 가슴이 메었습니다. 눈물이 펑펑 쏟아질 뻔했습니다. 나는 이제 어머니가 주는 커다란 위로를 잃고 말았습니다(『고백록』, 제9권, 12장 31절).

그제서야 어거스틴은 어머니 모니카가 얼마나 위대한 신앙인이었는지를 깨달을 수 있었다. 어머니는 마치 주님을 대하듯 아들인 자신에게 사랑으로 대해주셨다는 것이다. 아마『고백록』을 기록하는 내내 어거스틴의 눈에는 뜨거운 눈물이 흘러내리고 있었으리라.

"어머니가 매장되던 날, 나는 종일 무거운 슬픔을 참고 있었습니다. 나는 주님의 여종에 대한 과거의 감정을 회복하기 시작했습니다. 어머니가 주님과 대화할 때 얼마나 경건하고 사모했는지를 기억했습니다. 어머니가 나와 대화할 때 얼마나 부드럽고 자상하셨는지를 기억했습니다. 그런 기억을 되살리며 주님 당신 앞에서 어머니에 대해서, 또 어머니를 위해서, 나에 대해서, 또 나를 위해서 울면서 위로를 얻었습니다."(『고백록』, 제9권, 12장 32~35절).

그는 사랑하는 어머니 모니카를 하나님 품에 돌려보내면서 어머니의 위대한 신앙과 삶을 자신의『고백록』제9권에 고스란히 기록해놓았다. 이후 어거스틴은 양 떼를 돌보는 헌신적인 목자로 북아프리카의 힙포에서 목회했다. 그는 분리주의자들에 맞서 정통 신학을 변호했다. 그 변호와 변증들이 많은 저술과 명설교로 남았다. 그는 로마 제국의 타락상을 보며 말년엔『하나님의 도성』을 쓰기도 했다. 어머니 모니카의 인내와 눈물의 기도가 타락한 자녀를 기독교의 성인으로 변화시킨 것이다.

어머니의 눈물의 기도는 방황하는 자녀를 올바른 길로 인도할 수 있다. 한 해 두 해가 아니라 평생의 기도가 자녀를 위대하게 바꿀 수 있다. 어거스틴이 바뀌는 데는 모니카의 30년 넘는 눈물과 기도의 세월이 필요했다.

21
가장 위대한 대통령 링컨을 만든 두 어머니

"내가 잘한 것이 있으면 모두 어머니 덕입니다. 어머니는 가장 귀한 유산을 제게 주셨습니다. 살아계실 때도, 돌아가신 후에도 어머니의 훌륭한 기도와 가르침이 지금의 나를 있게 했습니다."

미국 역사상 가장 위대한 대통령으로 불리는 에이브러햄 링컨(Abraham Lincoln)이 평소 했던 말이다. 위대한 인물 뒤에는 위대한 어머니가 있다는 교훈을 링컨의 삶은 여지없이 보여주고 있다. 링컨의 전기 작가도 이런 고백을 했다.

"하늘은 링컨에게 위대한 조건은 한 가지도 주지 않으셨다. 다만 그에게 가난과 훌륭한 신앙의 어머니만을 주셨다."

도대체 링컨에게 어머니는 어떤 분이셨을까? 링컨에게는 두 어머니가 있었다. 친모 낸시와 계모 새라다. 친모 낸시는 링컨이 아홉 살 때 병에 걸려 사망하고 말았다. 하지만 친모가 그랬던 것처럼 계모 새라도 링컨에게 신앙이라는 가장 든든한 유산을 물려주었다.

링컨이 받은 학교 교육이라고는 모두 합쳐서 1년 반 정도가 전부다. 그는 22세까지 농사짓기와 뱃사공, 상점 점원, 우체국 직원을 전전하며 생계를 이어갔다. 그런 그가 어떻게 역사에 남을 위대한 대통령이 될 수 있었을까? 그가 고백하듯 바로 어머니 덕분이다.

첫 번째 어머니 낸시의 자녀 교육

친어머니 낸시는 성격이 온순하고 신앙이 깊었다. 링컨의 공부에 대해서도 관심이 많았다. 하지만 아버지 토머스는 자녀의 공부보다는 빨리 일을 해서 돈을 벌기를 바랐다. 낸시는 자녀의 공부를 위해 집에서 14킬로미터나 떨어진 곳에 학교가 있다는 소문을 듣고 어린 링컨 남매를 보내기도 했다. 자녀를 향한 어머니의 정성이 마침내 글을 읽을 줄도 몰랐던 링컨을 학교에 들여보낸 것이다. 낸시는 링컨 남매를 숲이나 들로 데리고 다니며 각양각색의 식물과 동물, 지저귀는 새들, 밤하늘의 별들에 하나하나 이름을 불러주며 하나님의 놀라우신 솜씨를 알게 하고 하나님을 경외하는 법을 가르쳤다.

낸시는 또 밤마다 오두막집 호롱불 밑에서 링컨에게 성경을 읽어

줬다. 특히 링컨은 성경 인물들 중에서도 히브리 노예 해방의 주역 모세, 애굽을 살리고 이스라엘 백성을 부흥케 한 요셉, 목동 출신으로 이스라엘의 왕이 된 다윗에게 큰 감명을 받았다고 고백했다. 변호사 시절엔 어머니가 읽어주던 모세의 십계명을 통해 뇌물의 유혹을 물리칠 수 있었다고 고백하기도 했다.

하지만 한없이 자애로웠던 어머니 낸시는 링컨이 아홉 살 때인 1818년 10월 5일 우유병이라는 풍토병으로 죽고 만다. 낸시가 링컨에게 남긴 유언은 그녀가 얼마나 자녀에게 철저한 신앙 교육을 시켰는지 말해주고 있다.

"내 아들아! 이 책은 나의 부모로부터 받은 성격책이다. 내가 여러 번 읽어 낡았지만 우리 집의 큰 가보다. 나는 내가 100에이커의 땅을 너에게 물려주게 된 것보다 이 한 권의 성경책을 물려주게 된 것을 진심으로 기쁘게 생각한다. 네가 이 진리의 말씀을 듣고 이 책대로 살기만 한다면 나는 네가 100만 에이커의 대지주가 되는 것보다 더 기쁘겠다. 사랑하는 아들아, 너는 성서를 읽고 성서의 말씀대로 살아가는 사람이 되어다오. 하나님을 사랑하고 이웃을 사랑해야 한다. 이것이 나의 마지막 부탁이다."

링컨은 훗날 대통령이 되어서 자신의 어머니로부터 물려받은 신앙 유산이 어느 정도였는지 다음과 같이 말했다.

"내가 어려서 글을 읽지 못할 때부터 어머니께서는 날마다 성경을 읽어 주셨고, 나를 위해 기도하는 일을 쉬지 않으셨다. 통나무집에서 읽어주시던 성경 말씀과 기도 소리는 지금도 내 마음을 울리고 있다. 오늘 나의 희망, 나의 모든 것은 천사와 같은 나의 어머니께 물려받은 것이다."

두 번째 어머니 새라의 자녀 교육

어머니 낸시를 잃고서 잠시 링컨의 통나무집은 절망의 공간으로 바뀌는 듯 했지만 오래지 않아 희망의 햇살이 다시 비취었다. 새엄마 새라가 온 것이다. 새라는 친엄마 낸시만큼이나 경건하고 링컨을 위하는 여성이었다. 낸시처럼 밤마다 링컨에게 성경을 읽어주었다. 밤늦게까지 링컨의 오두막집에는 불을 밝힌 두 사람이 있었는데 새라와 링컨이었다. 밤이 늦도록 새라는 바느질을, 링컨은 책을 읽었던 것이다.

링컨은 겨우 열다섯 살이 되어서야 글을 읽을 수 있었다. 하지만 그때까지도 쓸 줄은 몰랐다. 당시 그가 살던 인디애나 주 헌츠빌에 아젤 도시(Azel Dorsey)라는 사람이 들어와 학교를 차리고 아이들을 가르치고 있었다. 링컨은 어머니 새라의 배려로 6킬로미터가 떨어진 그곳까지 걸어 다니며 공부했다. 노트조차 살 수 없을 만큼 가난해서 오두막집에 돌아와 숯으로 벽에 글을 쓰고 수학 문제를 풀었다.

아버지 토머스는 공부는 다 쓸데없는 짓이라고 비아냥거렸지만 어머니 새라는 달랐다.

"에이브(링컨의 애칭)는 다른 아이들과 다른 점이 있어요. 이 아이는 훌륭한 인물이 될 수 있어요. 무엇보다도 이 아이를 공부시켜서 훌륭하게 키우지 않으면 세상을 떠난 에이브의 어머니를 몹시 섭섭하게 하는 것입니다. 지금 나는 이 아이의 어머니예요. 낸시의 정신을 이어받아서 이 아이를 훌륭하게 키우는 것의 저의 사명입니다."

두 어머니 낸시와 새라는 마치 링컨을 링컨 되게 하는 사명을 안고 오두막집에 찾아온 천사 같았다. 특히 새라는 사람도 학교도 찾기 힘든 산간오지에서 링컨이 공부하려면 책을 가까이 하는 것밖에 없다고 생각해 수단과 방법을 가리지 않고 책을 구해다 링컨에게 건네주었다. 그리고 늘 링컨의 편이 되어 링컨을 지지하고 사랑해주었다. "저 아이처럼 효성이 지극하고 사랑스러운 아이는 없을 거예요. 링컨은 단 한 번도 나쁜 짓을 한 적이 없었으며 참으로 정직하고 착한 아이예요."

새 어머니의 사랑을 듬뿍 받으며 링컨은 더 성실하고 진실한 사람으로 자라갈 수 있었다. 링컨의 트레이드마크라고 할 수 있는 정직과 겸손은 두 어머니로부터 받았던 다함없는 사랑에서 뿌리 내리고 싹튼 것이다.

어릴 적부터 '싸우지 않는 아이', '친절한 아이'로 정평이 나 있던 링컨은 나중에 우체국 점원에서 우편국장이 되었고, 측량 기사를 거쳐 변호사, 그리고 주 의원, 하원 의원, 대통령까지 되었다.

링컨은 대통령이 되기 전에도 그랬지만 대통령이 되고 나서도 철저한 신앙의 사람, 기도의 사람이었다. 어릴 적 두 어머니로부터 받았던 신앙의 가르침이 평생 그의 삶을 다스렸기 때문이다.

미국의 남북전쟁이 치열하던 어느 날, 인기 배우 제임스 머독(James Murdoch)이 백악관에 초대받았다. 링컨과 저녁 식사를 마친 뒤 전쟁에 관한 얘기를 나누다가 잠이 들었는데, 포성 소리에 그만 잠이 깨고 말았다. 그리고 또다시 잠이 들었는데 이번엔 어디선가 흐느끼는 듯한 신음소리가 들려왔다. 자리를 박차고 신음소리를 따라가 보니 그 소리의 진원지는 대통령의 집무실이었다. 링컨은 포성이 울리는 그 시간, 기도를 올리고 있었던 것이다.

그 기도의 내용 또한 감동적이다.

"하나님, 저는 부족한 종입니다. 제 힘으로는 할 수 없습니다. 새 힘을 주시고 용기를 잃지 않게 도와주시고 마지막 순간까지 하나님과 동행할 수 있도록 저를 지켜주십시오. 하루 빨리 전쟁이 마무리되어 통일된 나라를 이룩할 수 있도록 도와주옵소서. 전쟁에서 죽어가는 젊은이들을 도와주십시오."

역사상 가장 위대한 대통령 링컨을 만든 사람은 누구일까? 그건 두말할 것 없이 그의 두 어머니 낸시와 새라다. 그의 어머니에게서 받았던 사랑과 자애, 그리고 하나님의 말씀이 링컨의 가슴이 되고 머리가 되었던 것이다. 결국 오늘날 미국이 50개 나라가 아닌 50개

주와 1개 특별구의 연방 국가가 된 것은 링컨을 키운 두 어머니의 사랑과 신앙 때문이었다고 할 수 있다.

22
한 알의 밀알이
에콰도르 복음의 열매가 되다

예수님은 자신의 십자가 죽음을 앞두고 이런 말씀을 하셨다.

> 한 알의 밀이 땅에 떨어져 죽지 아니하면 한 알 그대로 있고 죽으면 많은 열매를 맺느니라(요 12:24).

자신의 죽음이 결코 헛되지 않고, 자신의 죽음을 통해 많은 열매를 맺을 것임을 강조하신 것이다. 하지만 주님의 말씀은 예수님 자신뿐 아니라 다른 사람에게도 해당된다. 한 사람의 숭고한 죽음은 그 사람의 죽음으로 그치지 않고 수많은 사람을 살리는 결과로 나타난다는 것이다. 마치 한 알의 밀알이 썩어서 무수한 밀알들로 되살아나는 것처럼.

짐 엘리엇, 세속적 야망 대신 거룩한 소망을 부여잡다

미국 출신 에콰도르 선교사 짐 엘리엇(Jim Elliott)이 그랬다. 그는 휘튼 대학교 출신으로 재학 때는 글쓰기와 연설에 뛰어났고, 운동과 리더십에서 탁월했다. 누가 봐도 촉망받는 인재였다. 하지만 그는 모든 이들의 기대와 바람을 저버리고 에콰도르 선교사를 지원했다. 에콰도르에서 사역했던 선교사로부터 미전도 종족 아우카 부족에 대한 얘기를 듣고 자신의 진로를 정한 것이다.

1952년, 휘튼대 출신 다섯 명의 선교사들은 그렇게 에콰도르 밀림을 헤쳐 동부 아우카족 거주지로 들어갔다. "왜 어떤 사람은 복음을 한 번도 듣지 못하는데 어떤 사람들은 두 번씩 들어야 합니까?" 이것이 에콰도르로 향하는 다섯 명의 선교사들이 지녔던 복음의 부담감이었다. 엘리엇은 자신과 함께 왔던 엘리자베스와 에콰도르 도착 1년 만인 1953년 10월에 결혼했다. 아우카 부족에게 들어갈 준비를 차근차근 진행하던 다섯 명의 선교사는 1956년 1월 8일, 마침내 아우카 부족이 사는 에콰도르 동부 해안에 도착했지만, 그들을 기다린 건 아우카족 전사들의 창과 도끼였다. 서교 대상인 그들에게 잔인하게 살해되고 만 것이다. 당시「타임」을 비롯한 미국 언론들은 젊은 선교사들의 죽음을 불필요한 낭비였다고 비판했다. 미국의 장래를 이끌어가야 할 젊은이들이 무엇 때문에 남미의 이름 없는 나라에 가서 죽음을 당해야 했냐는 것이다. 하지만 짐의 아내 엘리자베스 엘리엇은 기자를 향해 이렇게 따졌다.

"낭비라니요? 왜 그런 말씀을 하십니까? 나의 남편은 어렸을 때부터 이 순간을 위해 준비했던 사람입니다. 내 남편은 이제야 그 꿈을 이룬 것뿐입니다. 이후로 다시는 내 남편의 죽음을 낭비라고 말하지 마십시오."

에콰도르 동부 해변가엔 그들의 시체가 널브러져 있고, 여기저기 그들이 쏟은 피가 낭자했다. 신기한 것은 선교사들의 주머니엔 자신들의 신변 보호를 위한 권총이 있었지만 전혀 사용하지 않았다는 점이다.

그 이유는 나중에 짐 엘리엇이 휘튼대 시절 썼던 글과 일기가 공개되면서 밝혀졌다. 그 글을 엘리자베스 엘리엇이 『전능자의 그늘(Shadow of the Almighty)』이란 책으로 엮어냈다. 거기엔 짐 엘리엇이 대학교 2학년이던 19세 때부터 쓴 일기도 있었다. 이런 내용이었다.

"주님 성공하게 하소서. 높은 자리에 오르는 것이 아니라 제 삶이 하나님을 아는 가치를 드러내는 전시품이 되게 하소서."

"하나님, 제가 감히 하나님께 기도합니다. 이 부족한 나의 나무토막 같은 인생에 불을 붙여주소서. 제가 주를 위해 탈 수 있도록. 나의 삶을 주께서 소멸시키십시오. 이 몸은 주의 것입니다. 나는 오래 사는 것을 원치 않습니다. 완전하고 풍성한 삶을 원합니다. 바로 주님과 같이…."

엘리자베스 엘리엇은 남편 짐의 삶의 목적을 너무나 잘 알고 있었다. 그녀가 짐을 따라 에콰도르 선교사로 자원했던 것도 짐의 순종에 자신도 동참한다는 뜻이 담겨 있었다. 짐 엘리엇을 비롯한 다섯 선교사의 밀알 같은 순교는 거기서 그치지 않았다.

순교자 남편을 뒤이어 선교사로 헌신하다

남편을 비롯한 동료 선교사들의 죽음에도 불구하고 아내 엘리자베스 엘리엇은 아우카 부족을 위한 선교사로 또다시 헌신했다. 이를 위해 엘리자베스는 1년간 간호사 훈련을 따로 받았다. 남편을 죽인 아우카 부족이 자신도 죽일 수 있다는 걸 잘 알았기에 엘리자베스의 선교 헌신은 그야말로 죽음을 각오한 것이었다.

하지만 아우카족은 여자를 해치는 일은 비겁한 짓이라고 생각하는 전통이 있었다. 엘리자베스는 그러한 사실을 모른 채 무작정 목숨을 건 선교 여행을 떠났다. 엘리자베스는 아우카 부족 속에서 선교 사역에 전념했고, 1963년까지 아우카 부족과 지냈다.

어느 날, 아우카 부족의 추장이 엘리자베스를 찾아와 이렇게 물었다 "당신은 누구입니까? 우리를 위해 이렇게 애써서 수고하는 이유가 무엇입니까?" 그러자 엘리자베스 "나는 5년 전에 당신들이 죽인 그 남자의 아내입니다. 그러나 하나님의 사랑 때문에 여기에 오게 되었습니다."

이 말을 들은 아우카 부족의 추장은 큰 충격과 감동을 동시에 느겼다. 그리고 추장을 비롯해 아우카 부족 전체가 예수 그리스도를 영접하는 역사가 일어났다. 훗날 아우카 부족의 추장은 빌리 그레이엄(Billy Graham) 집회에서 이런 간증을 했다.

"우리들은 그분들에게서 복음을 받고 하나님을 믿게 되었습니다. 그 젊은이들의 희생이 아니었다면 우리는 아직도 주님을 모른 채 살고 있을 것입니다. 그분들의 죽음으로 인해 우리들은 빛을 보게 되었습니다. 우리도 오래 살기를 원치 않습니다. 주님처럼 그분들처럼 살기 원합니다."

1992년 6월 11일, 와오라니 우림 지역의 오지 마을 티네노에서는 감격적인 신약성경 봉헌예배가 드려졌다. 엘리자베스가 그토록 꿈꾸던 와오라니어로 번역된 신약성경을 와오라니 인디언들과 함께 읽을 수 있게 되었기 때문이다. 그리고 이날 예배엔 36년 전, 미국의 청년 선교사 다섯 명을 무참하게 살해한 와오라니 인디언 출신 세 명도 기독교인이 되어 참석하고 있었다. 그들은 와오라니 지역의 교회 지도자들로 활약하고 있었다. 그리고 순교한 선교사들의 자녀 두 명은 아버지가 순교한 팜비치 강가에서 세례를 받았고, 짐 엘리엇의 딸은 아우카 부족과 함께 살았다. 짐 엘리엇을 비롯한 다섯 명의 선교사들이 순교한 40년 후인 1995년 휘튼대는 강력한 부흥운동의 진원지가 되었다. 지금도 휘튼대에서는 짐 엘리엇을 비롯한 청년 선교사들의 헌신과 순교를 따라 선교 헌신자들이 줄을 잇고 있다.

무엇이 꿈 많은 청년들을 남미의 선교사로 순교하게 했을까? 무엇이 무의미해 보이는 남편의 죽음을 뒤이어 엘리자베스로 하여금 선교사로 헌신하게 했을까? 엘리자베스 엘리엇은 『전능자의 그늘』에서 다음과 같이 고백하고 있다.

"그분을 알고자 하는 이들은 그분과 같은 길을 걸어야 한다. 성경적 어의에서 순교자란 바로 그것이다. 순교자란 단순히 증인이란 뜻이다. 살든 죽든 우리는 증인으로 부름을 받았다. '그의 행하시는 대로' 우리도 행하는 자가 되어야 한다는 말이다."

"짐(짐 엘리엇)의 목표는 하나님을 아는 것이었다. 그의 길은 순종이었다. 순종은 그의 목표를 이룰 수 있는 유일한 길이었다."

엘리자베스는 남편 짐이 하나님의 부르심을 따라 순종하는 사람이라는 걸 알았다. 그리고 자신도 그런 삶을 평생 살게 될 것을 알면서도 짐을 따라 에콰도르로 갔다. 짐과 결혼했고, 짐의 순교 후 자신도 선교사의 삶을 이어간 것이다. 하나님은 그 젊은이들을 에콰도르 선교를 위한 작은 밀알로 심으셨고, 그들을 통해 풍성한 열매를 맺게 하셨다.
한 알의 썩어지는 삶, 그것은 비참한 삶이 아니라 영광의 삶이다. 권사들의 삶이 그렇다고 생각한다. 교회를 위해, 주님을 위해 자신을 바치는 삶, 그 희생으로 많은 사람들을 살리는 삶 말이다.

23
에이미, 인도 어린이들의 엄마가 되다

다음은 어느 여성의 일대기다.

· 1867년 12월 북아일랜드에서 출생하다.
· 1892년 7월 케직사경회 제1호 선교사로 파송받아 이듬해 5월 일본 마스에에 도착하다. 하지만 언어 공부 도중 일본 뇌염에 걸려 영국으로 귀국하다.
· 1895년 7월 케직사경회의 재결정으로 인도 선교사로 파송받다. 두 달 후 인도 벵갈에 도착하다. 의료 선교와 천막교회 사역을 시작하다.
· 1901년 3월 힌두교 사원에서 도망친 어린 소녀 프리나를 구출한 것을 계기로 도나부르 공동체(Dohnavur Fellowship)를 시작하다.
· 1951년 1월, 84세로 하나님의 부르심을 받다. 그때 도나부르 공동체엔 병원 동역자들을 포함해 약 1,000명이 넘는 사람들이 함께 살고 있었다.

누가 여성을 연약하다 했는가?

여성은 물리적 힘만으로 보면 연약한 존재다. 하지만 하나님 앞에 헌신된 여성은 어떤 남성보다도 강하며, 세상을 바꾸는 파워의 소유자가 된다. 인도 남부의 빈민 어린이들을 위해 평생 헌신한 에이미 카마이클(Amy Carmichael)이 바로 그런 여성이었다.

에이미는 북아일랜드의 한 유복한 집에서 일곱 자녀의 장녀로 태어났다. 하지만 18세 때 아버지가 돌아가시면서 남은 건 엄청난 부채, 그리고 동생 부양의 짐뿐이었다. 이후 에이미는 벨파스트로 이사를 가고 거기서 도시 선교 사역에 참여하게 된다. 평생 처음 돈 문제가 아닌 영적인 문제에 관심을 갖는 순간이었다.

에이미는 19세 때인 1886년, 가족들을 데리고 글래스고에서 열린 케직사경회에 참석했다. 그리고 케직사경회가 가져다준 '거룩'에 자신의 모든 것을 담게 된다. 케직사경회의 목적은 ▲그리스도를 닮는 것 ▲그분을 내 삶의 왕좌에 모시는 것 ▲아무리 사소한 죄라도 일절 타협하지 않는 것 ▲하루종일 하나님과 동행하는 것 ▲마음을 다해 하나님을 사랑하고 이웃을 내 몸처럼 사랑하는 것 ▲모든 염려와 무거운 짐을 그분께 맡기는 것 ▲환난과 고통 가운데서도 평안을 잃지 않는 것 모든 일 속에서 하나님의 개입과 간섭을 보는 것 ▲순간마다 뿌리 깊숙이 박힌 원망과 악한 말을 버리는 것이었다.

그것이 에이미의 삶을 송두리째 바꿔놓은 것이다. 물론 에이미가 선교사로 헌신하고 파송받은 것은 그로부터 5년 후지만 이미 그때부터 그녀의 마음속엔 '하나님을 향한 전적인 헌신'이 뿌리내리고 있었다. 그리고 그것이 자라고 마침내 꽃피웠을 때 에이미는 단호하게 자신의 헌신을 행동으로 옮겼다.

쓰라린 실패도 있었다. 1893년 5월, 선교사가 되어 일본에 갔지만 문화적 충격과 언어 스트레스, 그리고 신경쇠약증에다가 일본 뇌염까지 걸려 그녀는 불과 15개월 만에 후원자들에게 알리지 않고 조용히 스리랑카로 건너간 것이다. 마음으로는 이미 하나님의 부르심이 일본이 아니라는 결론을 내린 상태였다. 하지만 1895년 7월 케직사경회는 그녀에게 또 한 번의 기회를 줬다. 이번에는 인도 선교사로 파송받은 것이다. 에이미의 사역은 텐트를 치고 의료 선교와 전도를 병행하는 것이었다. 그러다 1901년 3월, 에이미의 사역이 궤도 수정을 하는 사건이 일어났다. 텐트에서 의료 선교를 하던 에이미에게 어린 소녀가 달려와 안긴 것이다. 알고 보니 소녀의 엄마가 힌두교 사원에 제물로 바치려던 순간 도망쳐 나온 것이다.

의료 선교에서 어린이 구출 사역으로 방향을 틀다

소녀의 이름은 프리나. 프리나는 나중에 그때의 감격을 이렇게 회상했다. "엄마처럼 나를 무릎에 안고 뺨에 뽀뽀를 해준 사람이 에이미였습니다. 그날부터 에이미는 나의 엄마가 되었고 나는 그의 딸이 되었습니다."

프리나처럼 힌두교 사원으로 팔려간 여자아이들은 '신과 결혼한' 창녀가 되었고, 힌두교 남자들의 노리개로 전락했다. 이때부터 에이미의 '사원 아동(Temple Children)' 구출 사역이 본격화됐다. 에이미에겐 버려진 아이들의 엄마라는 별명과 함께 힌두교 사람들로부터는 '어린이 도둑'이라는 누명도 따라붙었다.

에이미는 비록 결혼을 하지 않았지만 버려진 인도 아이들의 엄마가 되기로 결심하고, 도나부르 공동체를 열었다. 아이들과 함께 먹고 자고 공부하고 일할 수 있는 생활 공동체를 시작한 것이다. 공동체에는 사원에서 도망쳐 나온 아이들뿐만 아니라 부모에게서 버림받은 아이, 가출한 아이, 미혼모 아이, 병들어 버려진 아이 등 온갖 버려진 아이들이 모두 모여들었다. 그렇게 해서 아이들 구출 사역을 시작한 지 12년이 되던 1913년, 도나부르 공동체에 모인 아이들은 130명으로 늘었다.

몇 명의 아이들도 아니고 이 많은 아이들을 어떻게 먹이며 생활할 수 있었을까? 에이미는 우선 아이들을 위한 교사와 어머니로서 자신을 바칠 사역자들을 모집했다. 그렇게 해서 만든 게 '자매 공동체(Sisters of the Common Life)'라는 일종의 개신교 수녀회였다. 에이미를 비롯해 여덟 명의 젊은 인도 여성들로 구성했다. 에이미는 넘치는 인간미와 겸손함, 친절함으로 사람들을 따뜻하게 대했지만 그럼에도 공동체는 늘 내우외환에 시달려야 했다.

도나부르 공동체는 철저한 페이스 미션(faith mission)의 원칙을 견지했다. 에이미가 인도에서 50년간 사역을 하는 동안 수많은 어린이들과 동역자들을 먹였지만 정부의 보조는 단 한 번도 받은 적이 없다고 한다. 그만큼 하나님이 필요를 채워주실 거라는 믿음에 모든 걸 걸었던 것이다.

도나부르 공동체를 운영하면서 에이미가 세운 재정 원칙은 ▲ 기도가 처음이고 마지막이다 ▲ 기도 외에 우리가 가장 필요한 것은 당연히 돈이다 ▲ 우리는 사람들에게 돈을 보내달라고 부탁하지 않는다 ▲ 누가 묻지 않는 한 우리의 필요를 알리지 않는다 ▲ 돈 이외의 다른 필요들에 대해서는 세부적이고 자세하게 알린다 ▲ 기도한 후에는 하나님의 인장 도장이 찍힐 때까지 기다린다 ▲ 하나님은 친히 지시하신 돈에만 책임을 지시며 장부를 결재해주신다 ▲ 오해나 부정이 있는 돈은 돌려주거나 받지 않는다 등이었다.

무엇보다 에이미는 가난하고 청빈한 선교사였다. 에이미가 세상을 떠났을 때 그녀에게 남겨진 유산이라고는 방에 걸려 있던 액자 몇 개, 옷가지 몇 벌, 필기도구가 전부였다. 그녀는 생전 "나는 큰 보자기로 묶을 정도 이상의 살림을 원치 않는다"고 말했고, 그 말대로 삶을 살았다. 그녀에게 가장 호사스러운 일은 따뜻한 물에 목욕하는 것과 책에 둘러싸여 독서하는 것, 두 가지였다고 한다. 에이미는 하나님의 부르심에 순종해 세상의 어떤 것에도 구애됨 없이 살았던 가난한 천국 순례자였다.

에이미는 강한 믿음을 지녔지만 육신은 허약하기만 했다. 그녀가 죽기 전 마지막 20년은 몸이 병약해져 사역을 제대로 할 수 없을 정도였다. 그럼에도 그녀는 하나님이 자신에게 맡기신 아이들을 돌보고 기도하며 끝까지 사역을 이어갔다.

에이미의 이 같은 공동체 사역은 프랜시스 쉐퍼(Francis A. Schaeffer) 부부에게도 많은 영향을 끼쳐 라브리 공동체를 만드는 데 크게 기여했다고 알려져 있다.

하나님은 많은 부류의 사람들 중에 특별히 우리에게 고아와 과부를 돌보라고 부탁하셨다.

> 그의 거룩한 처소에 계신 하나님은 고아의 아버지시며 과부의 재판장이시라(시 68:5).

그 하나님의 마음을 헤아릴 수 있다면 지금도 우리 주위에 널려 있는 고아와 과부들을 볼 수 있을 것이다. 그리고 "나는 그들의 하나님이다. 그들을 먹이고 입히라"는 그분의 음성을 들을 수 있을 것이다. 그것이 하나님이 권사들에게 주시는 또 다른 사명이라고 생각한다.

24 조선의 작은 예수, 서서평 선교사

1934년 6월 26일, 그녀는 오랜 풍토병, 그리고 과로와 영양실조 끝에 하나님 품에 안겼다. 광주 최초의 시민사회장으로 치러진 장례식에는 광주 시민과 한센병 환자, 여성 등 수천 명이 '어머니'를 부르며 긴 장례 행렬을 이뤘다. 버림받은 여성들, 한센병 환자들의 어머니였던 엘리자베스 J. 쉐핑(Elisabeth Johana Shepping, 한국명 서서평) 선교사 이야기다.

당시 6월 28일자 「동아일보」 기사는 서 선교사의 삶을 이렇게 요약했다.

"이 학교(이일학교)는 이혼당한 여자, 남편이 죽고 없는 여자, 학령이 초과한 여자 등을 교양하여 왔었는데, 동 서서평 양은 학교 창설 이래 자기의 생활비 일체까지 학교 유지비에 바치었으므로 사생활은 극도로 곤란하였다 하며 무너진 주택을 수선할 여유조차 없었다 한다."

우리나라가 지금의 모습을 갖추기까지 그 뿌리를 따라가다 보면, 이 땅에 많은 선교사들의 헌신과 수고가 있었음을 알게 된다. 서서평 선교사의 얘기는 그 많은 선교사들의 이야기 중에서도 듣는 이로 하여금 저절로 옷깃을 여미게 만든다.

조선 사람이 된 서양 선교사

독일 출신의 미국 선교사로 1912년 3월 국내에 입국한 서서평 선교사는 철저히 조선인으로 살았다. 무명 저고리를 걸치고, 된장국을 먹고, 오두막 같은 낡고 작은 집에서 살았다. 간호사였던 그녀의 초창기 사역은 광주 제중병원, 군산 구암예수교병원, 서울 세브란스병원 등 주로 병원 사역에 집중됐다.

서 선교사는 보람 있는 의료 사역을 한국의 여성들과 같이 하고 싶었지만 당시 간호사에 대한 조선 사람들의 인식은 좋지 못했다. 이 때문에 서 선교사는 여성 의식 개방에 공을 들였다. 여성들의 의식이 바뀌어야 3·1운동에서와 같이 사회에서 지도력도 발휘할 수 있고, 조선 사회가 바뀔 수 있다고 생각한 것이다. 이것을 위해서 서 선교사는 일본과 캐나다를 오가며 한국간호협회를 국제간호협회의 회원 단체로 만들기도 했다. 간호사는 천한 직업이 아니라 지적이어야 하고, 국제 감각도 있어야 하는 등 '특별한 사람만 할 수 있다'는 인식을 갖게 했던 것이다.

여성들의 의식을 바꾸려면 무엇보다 교육이 급선무였다. 서 선교사는 군산 구암예수교병원에 근무하면서 전주에 단기 성경공부 과정을 개설한 데 이어, 광주 제중병원에 근무할 때는 사재를 털어 여성들을 위한 이일학교를 설립하기도 했다. 남편에게 쫓겨난 여성, 과부나 성매매 여성, 학령기가 지난 여성 등이 주로 입학했다.

이일학교에서는 학생들에게 자수를 가르쳐 자수로 만든 책상보, 손수건 등을 미국에 수출하는 것을 돕기도 했다. 또한 양잠과 직조기술도 가르쳤다. 이를 통해 당시 경제력이 없던 조선 여성들에게 자립의 기반이 되는 경제력을 제공했다. 그녀의 선구적인 교육 제도는 전국에 소문이 나서 해마다 50~60명의 학생들이 모여들었다.

이일학교를 졸업한 학생들은 지금의 여전도사에 해당하는 '전도부인'이라는 이름으로 전국에 흩어져 복음을 전했다. 그리고 이들 중에는 간호사, 교사, 여성운동가 등 전문인으로 활약하는 여성들이 많았다. 이일학교는 1941년 9월 신사참배를 반대해 폐교됐다가 1948년 9월에 다시 개교했고, 6·25 전쟁 발발로 또다시 폐교됐다. 그러다 1961년 전주 한예정신학교와 합병했고, 지금은 한일장신대학교란 이름으로 4년제 대학이 되었다.

서 선교사는 광주의 깡패였다가 회심한 최흥종을 '오빠'라고 불렀다. 최흥종은 한 선교사가 한센병자들을 환대하는 모습을 보고 감명받아 예수를 믿었다. 그리고 평생 한센병자, 결핵 환자를 돌봤다. 아마 서 선교사도 최흥종의 영향을 받았던 것 같다.

추운 겨울, 서 선교사는 한센병자 두 명이 밖에서 떨고 있는 것을 보고 자신의 집으로 데려와 한 장밖에 없는 담요를 둘로 자른 다음 한 조각씩 한센병자들을 덮어주었다는 일화가 있다. 광주 지역 출신으로 서 선교사로부터 직간접적인 영향을 받았다고 하는 고 백춘성 장로가 쓴『조선의 작은 예수 서서평』에 따르면, 이일학교 교사이던 이복림은 어느 날 이일학교 교장인 서 선교사의 제의로 그녀와 함께 외출을 했다. 멋진 곳에 가는 줄 알고 그날따라 멋지게 차려 입었는데, 정작 서 선교사가 데리고 간 곳은 어느 다리 밑의 움막이었다. 거기엔 백발노인이 있었고, 서 선교사는 그 노인과는 구면인 듯 "안 죽고 살았소?"라고 인사한 뒤 "이불을 가져왔으니 덮고 주무시오"라고 말하는 거였다. 뒤를 돌아보니 마침 사환 하나가 잔뜩 싼 이불과 옷가지를 가져오고 있었다. 이복림은 그 모습을 보며 "참 부끄러웠습니다. '같은 피를 가진 나도 이렇게 동족의 고난을 모르고 있었는데 어떻게 서 교장선생님은 이런 곳을 아셨을까?' 하면서 내심 몹시 괴롭게 생각한 적이 있었습니다"라고 회고했다. 이복림만 아니라 당시 광주 시민이면 누구나 광주 천변을 돌아다니며 빈민들을 보살피는 서 선교사의 모습을 쉽게 볼 수 있었다고 한다.

이밖에도 서 선교사는 여전도회의 전신인 조력회를 만들어 전국을 조직화하기도 했고, 추자도 선교, 광주 금정교회 성장, 주일학교 확산,

성미 보급 등에도 큰 기여를 했다. 하지만 서 선교사가 위대한 것은 이런 많은 사역과 열매 때문만은 아니다. 남이 결코 흉내 낼 수 없는 철저한 청빈과 희생정신이 서 선교사를 더 우러러 보게 만든다.

"이분이야말로 진정한 선교사였다"

1933년, 광주 제중병원 건물에 화재가 난 적이 있다. 본관과 병동에까지 불이 번진 대형 화재였다. 의사도 간호사도 직원들도 모두 환자들을 내팽개친 채 자기 물건 챙기느라 바빴다. 환자 가족들이나 친지들은 건물 밖에서 발만 동동 구르고 있었다. 지금처럼 용감한 소방관도 없던 때다. 그때 53세의 서 선교사가 사람들의 만류를 뿌리치고 건물 속으로 뛰어들어 환자들을 구출해냈다.

또 한번은 전북 순창에서 만삭의 임산부가 반송장 상태로 실려왔는데, 제왕절개로 겨우 아이만 건지고 산모는 숨을 거두고 말았다. 산모의 남편은 시신만 운구해갈 뿐 아기는 버리고 가는 것이었다. 서 선교사는 그 아기를 데려다 우유를 먹이며 키웠다. 그리고 아기를 자신의 아들로 입양하고 이름을 요셉이라 지었다. 이렇게 해서 그녀가 양자, 양녀로 삼은 아이는 총 열네 명이나 되었다.

이처럼 많은 조선 아이들을 입양한 것은 결코 서양 선교사로서 넉넉하기 때문이 아니었다. 본인도 못 먹고 못 입었지만 버려진 아이들을 외면하는 건 하나님께 벌 받을 일이라고 믿었기 때문이다. 그리고 거기엔 조선을 사랑하는 특별한 마음도 한몫했다.

서 선교사는 평생 독신으로 살았다. 평소엔 늘 "나는 조선과 결혼했으니 오직 조선만을 '님'으로 섬길 뿐"이라고 말하고 다닐 정도였다. 그리고 자신은 다른 어느 나라보다도 조선에 온 것을 복으로 알고 기뻐한다고 했다. 그 이유는 조선 사람들이 예수님처럼 청빈 사상을 따르기 때문이라는 것이다.

서서평은 교장으로 일하며 월급을 받으면 절반을 교회에 바쳤고, 나머지는 학교 경영비와 학생들 장학금에 보탰다. 자기를 위해서는 일절 사용하지 않으니 옷차림은 늘 허술했고, 구두는 낡아 있었다. 그리고 먹는 거라곤 늘 된장국이 전부였다. 양옥집에서 서양 음식을 먹으며 머슴을 부리는 선교사로서의 호사는 서 선교사와는 거리가 먼 남의 나라 얘기일 뿐이었다.

세상을 떠난 후 그녀가 남긴 재산이라곤 낡은 담요 반 장, 현금 27전, 강냉이가루 2홉이 전부였다. 그녀는 자신의 심장과 비장 등 오장육부조차 의학용으로 기증하고 갔다. 조선 사람들은 그런 서서평 선교사를 보며 "이분이야말로 진정한 선교사였다"라고 입을 모았다.

오늘날 교회 일꾼의 3분의 2는 모두 여성이다. 교회의 중추라고 할 수 있다. 교회의 여성 일꾼으로서 나는 지금 교회를 위해 무슨 일을 할 수 있을까? 서서평 선교사를 보면 답이 나올 것 같다.

Chapter

03

권사에게
들려주고 싶은
이야기

25 언행일치의 삶을 살라

내가 교회 청년회장을 할 때다. 교회 장로님의 추천으로 원주의 가나안농군학교에서 교육을 받을 기회가 있었다. 교육을 받는 동안 나를 감동시킨 것은 농군학교의 특별한 프로그램이 아니었다. 그보다는 농군학교 설립자인 김용기 장로님과 그 가족들의 삶에 더 큰 감동을 받았다. 당시 연세가 지긋하셨던 김 장로님은 농군학교에 3박 4일로 들어간 교육생들과 똑같이 먹고 입고 뛰는 모습을 보여주셨다.

농군학교의 일정은 새벽 5시에 일어나 1시간 동안 체력 단련을 한다. 그리고 강의, 아침 식사, 오전 강의, 점심 식사, 오후 강의, 저녁 식사, 그리고 밤 10시 취침으로 이어지는 꽉 짜여진 일정이었다. 교육생들이 3박 4일 동안 새벽에 일어나 뛰고 기도하며 일하고 생활하는데, 김 장로님과 가족들은 교육생들과 함께 매일 똑같이 먹고 뛰고 생활하고 계신 게 아닌가. 교육생들이야 사나흘 교육받고 가면 그만이지만 그분들은 1년 365일 교육생들과 똑같이 생활하신다고 생각하니 온몸에 전율이 일었다.

김용기 장로, 그 언행일치의 삶

가나안농군학교를 세우기까지 수십 년 동안 피땀 흘리며 사셨던 김 장로님과 그 가족들이 농군학교가 세워진 이후에도 늘 교육생과 함께 교육생의 입장으로 살고 계시다는 게 나에게는 충격으로 다가왔다. '아, 그리스도인으로 산다는 게 이런 거구나.' 언행일치의 말씀하신 그대로 사시는 장로님을 곁에서 뵈니, 가나안농군학교를 세우신 그분의 꿈이 얼마나 간절한지, 또 그 꿈을 이루기 위해 날마다 얼마나 치열하게 사시는지를 한눈에 알 수 있었다.

지금도 나는 당시 교육생들을 모아놓고 강의하시던 장로님의 맑은 음성을 잊을 수가 없다. 60~70명 되는 목사와 장로들을 모아놓고 김 장로님께선 대뜸 이렇게 말씀하셨다. "여기는 모두 먹사들만 왔구만요." 장로님의 첫마디에 모두들 멍한 표정이었다. "먹사가 다른 게 먹사가 아니오. 먹기 위해 목회하는 사람이 먹사요. 여기 모인 사람 중에 먹기 위해 목회하는 사람 있으면 손 좀 들어봐요."

"목사란 무엇입니까? 목사는 하나님을 위해, 또 자기 교인들을 위해 죽을 수 있는 사람이 목사입니다. 그게 목회자의 각오요, 꿈이 되어야 합니다. 그렇지 않으면 절대로 목사가 하나님의 역사를 이룰 수가 없어요. 그런 목사는 결코 목회를 성공적으로 이끌 수가 없다, 그 말입니다."

그 말씀을 듣고 있는 사람들의 표정은 하나같이 진지했다. 김 장로님의 말씀 한마디 한마디를 허투루 흘려보내지 않으려는 결기 같은 게 느껴졌다. 부드럽고도 단호하게 말씀을 전하시던 장로님은 이어서 바른 목회관과 가치관에 대해서도 한참 말씀을 이어가셨다. 나는 장로님 바로 앞에서 마치 그분의 말씀을 하나라도 놓치면 인생에서 큰일을 당할 것 같은 자세로 내 모든 의식을 장로님의 말씀에 집중했다. 그 말씀들이 나에게 준 충격은 대단했다. 나중엔 심장이 다 떨릴 지경이었다.

'나는 어떤가, 나는 과연 나 혼자 잘 먹고 잘 살기 위해서 사업을 해왔던 건 아닌가. 나는 무엇을 위해 사업을 하고 있나?'

이 생각이 내 머릿속에 들어오면서 나는 마치 뒤통수를 세게 맞은 듯한 충격에 휩싸였다. 서둘러 개인기도실로 들어가 무릎을 꿇고 기도했다. 나도 모르게 눈물이 뜨겁게 흘러내렸다.

'하나님, 제가 지금껏 인생을 열심히 살아왔다고 생각했지만, 뭔가 잘못 살아온 것 같습니다. 그저 나만을 바라보며 욕심내며 꿈을 꿨던 것을 회개합니다.'

내 평생 그렇게 눈물을 쏟으며 기도하기는 처음이었다. 얼마나 지났을까. 눈을 떴을 때 그곳은 마치 이 땅이 아닌 것 같았다. 왜냐하면 예수님이 바로 내 곁에 와 계심을 확신했기 때문이다. 마치 천국에 올라가서 예수님과 나만이 대화를 나누고 있다는 생각이 들었다.

예수님은 내가 마음속으로부터 회개하는 기도를 가만히 듣고 계셨다. 내 인생의 전환, 내 마음과 생각의 완전한 선회는 그 시점에 이루어졌다. 그야말로 내 인생의 터닝 포인트였다. 그때를 기점으로 나는 내 인생의 경영 노트에 다음과 같이 적었다(나는 경영자로 있을 때도 그렇지만 지금도 내 인생의 '경영 노트'를 매일 적고 있다).

"나는 나를 위해서가 아니라 소비자와 직원들을 위해 기업을 하고, 은퇴할 때는 아무 조건 없이 내 자식이 아니라 직원들에게 경영권을 위임해서 그들을 도울 것이다."

결심을 삶으로 나타내다

나는 그 결심대로 어느 날 직원에게 경영권을 물려줬다. 그리고 그때 그 결심을 소신처럼 간직하며 살고 있다. 이런 얘기를 지인들에게 하면 '대단하다'거나 '훌륭하다'는 말을 한다. 하지만 대단해지기 위해서나 훌륭해지기 위해서 한 일은 결코 아니었다. 하나님이 젊은 날 나에게 그런 마음을 주셨고, 그것이 하나님을 향한 나의 믿음이 되면서 자연스럽게 그렇게 실천하게 된 것이다. 물론 그 직원이 나보다 회사를 더 잘 경영할 거라는 믿음과 신뢰도 있었다.

그런데 직원에게 그렇게 기업을 물려주고 나서 전혀 뜻하지 않은 일들이 벌어졌다. 나한테 기술을 배워간 어떤 기업에서는 수익이 많이 생겼다며 나에게 수익금의 일부를 보내준 적도 있다. 또 하나님은 내가 돈이 필요할 때 사람들을 통해 돈을 주시기도 한다. 나에게 생활비도 주시고 또 카드도 마음껏 쓰도록 해주신 적도 있다. 그런 사례를 일일이 다 설명할 수는 없지만 하나님은 주는 자의 기쁨이 어떤 것인지를 계속해서 누리게 하셨다.

인간이라는 존재는 쉽게 물질에 이끌려 살아간다. 그래서 어떤 경우는 물질이 그 사람의 인품이 되고 그 사람의 가치관이 되기도 한다. 하지만 그리스도인은 다르다. 그리스도인의 삶이란 물질을 따라가는 것과는 달라야 한다. 사람들은 물질에 쫓기고 물질을 따라다니고, 물질의 노예가 된다. 물질이 사람을 조종한다는 의미다. 하지만 내가 가진 것을 내어놓을 때 우리는 비로소 물질로부터 해방된다. 물질의 지배를 받는 게 아니라 내가 물질을 지배하게 된다는 얘기다.

당장 사람들은 물질을 다 내어놓으면 뭘 먹고 사느냐고 걱정할 것이다. 하지만 결코 그렇지 않다. 물질은 잘 다뤄주면 나에게 다시 돌아온다. 어떤 형태로든 다시 돌아오게 되어 있다. 그런 의미에서 '물질에 생명이 있다'고 하는 것이다. 물질만 아니라 세상만사가 그렇다. 심은 대로 거두고, 행한 대로 받는다.

내 인생은 젊은 시절 접했던 김용기 장로님의 언행일치의 삶을 통해 새로운 궤도로 접어들게 되었다. 그것이 나로 하여금 존경받는 경영인, 지금의 영남가나안농군학교를 개척하는 데까지 나아가게 했다.

만약 내가 그때 가나안농군학교에서 김용기 장로님을 만나지 못했다면 내 인생은 어떻게 되었을까? 아마 끊임없이 회사를 키우고, 거기서 나오는 이익으로 내 명성을 쌓는 데 주력했을 것이다. 조국과 하나님 나라를 위해서 자신을 내려놓은 김용기 장로님의 삶, 그것이 나를 바꾸었다. 그리고 자신이 말하는 것을 행동으로 실천하는 삶, 자신이 결심하고 행동한 것을 언어 속에 녹여내는 삶, 그것이 지난 수십 년의 내 인생을 만들어오고 있는 것이다.

우리는 숱한 말을 하며 지낸다. 남자는 평균 하루 7,000단어, 여자는 하루 1만 5,000단어를 구사한다고 한다. 내가 하루 동안 내뱉는 그 많은 말 속에 얼마나 나의 진정성, 나의 행함이 녹아 있을까? 내 말은 듣는 사람에게 어떤 영향을 주고 있을까? 이런 생각을 하다 보면 더욱 더 인생을 제대로 살아야겠다는 결심에 또 다시 이르게 된다.

26
권사가 교회를 개혁할 수 있다

여기저기서 오래전부터 '교회 개혁' 얘기가 많이 나온다. 나 역시 한국교회가 개혁되어야 한다고 생각하는 사람 중 하나다. 그런데 어떻게, 누가 교회를 개혁할 수 있을까? 이 질문에 대해서만큼은 난 좀 다른 생각을 가지고 있다. 교회 개혁은 다른 누구도 아닌 권사가 제대로 할 수 있다고 믿는 것이다.

아주 오래전에 조용기 목사님과 같이 식사를 하면서 얘기를 한 적이 있다. 그때 7~8명의 목사들이 같이 있었는데, 그 당시 여의도순복음교회 권사가 2만 명 정도 된다고 들었던 것 같다. 그러면서 조 목사님이 "내가 제일 무서워하는 사람이 권사님들"이라고 했다. 사무실에서 집무를 볼 때도 장로님들은 전화해서 약속을 잡고 자신이 시간을 비워놔야지만 만날 수 있는데, 권사님들은 아무때나 막 들어와버리신다는 거다. 그리고 초대할 때도 통보식으로 한다고 한다.

"목사님, 몇 월 몇 일에 뭐하니까 준비하세요"라는 식으로 말이다. 그만큼 권사님들이 교회에서는 힘이 있다는 반증이다.

교회에서 중추적인 일을 하는 사람들은 대부분 권사들이다. 권사는 선교부, 성가대, 교사, 식당, 구역 등 교회 구석구석에 포진해 있다. 마치 사람 몸의 동맥과 같은 역할을 하는 것이다.

누가 교회 문제의 주범인가?

교회가 바뀌려면 목사가 올바른 가치관을 가지고 건강하게 목회를 해나가는 것이 필수다. 하지만 그게 전부는 아니다. 권사나 장로의 책임도 있다. 권사를 예로 들어보자. 권사 입장에서는 목사가 귀하고 수고도 하니까 잘 챙겨주고 싶은 생각이 들 때가 있다. 그러니까 사적인 생각이 많이 들어가는 것이다. 또 세상처럼 다른 권사들과 경쟁하기도 한다. A 권사가 목사한테 잘하려고 하니까 옆에서 지켜보던 B 권사가 경쟁심이 생겨서 더 잘하려고 하고, 그러다 보면 멀찍이 있던 C 권사도 잘하려고 한다. 그러다 보면 목사가 교만해진다. 나쁜 마음을 갖게 된다.

목사 스스로 존경받으려 하고, 가치가 높아지고, 눈이 높아지는 것이다. 교인들이 그렇게 세운 것이다. 사실 처음부터 나쁜 목사는 없을 것이다. 그렇게 되는 데는 어느 누가 영향을 끼친 것이다. 그게 보통 권사나 장로일 경우가 많다.

그렇다면 어떻게 하는 게 목사를 잘 보필하는 걸까? 그것은 자기 역할을 잘하는 것이다. 자기가 해야 할 의무를 잘하면 그게 최고의 목사 보필이다. 예를 들어 교회가 어떤 어려움에 직면했을 때 권사가 중심을 바로 잡아야 한다. 중심이 흔들리면 안 된다. 그런데 권사가 어느 한쪽에 서게 되면 교인들이 모두 휩쓸려버린다. 자연스럽게 수습이 될 수 있는 문제도 그걸 권사가 죄다 헤집어놓는 경우가 있다. 그렇게 되면 문제 해결이 아니라 문제를 더 키우는 꼴이 되는 것이다. 패를 나누고, 교회를 분열시키기 때문이다.

교회 문제를 보면 어느 한쪽이 잘못한 듯하지만 냉정히 따져보면 양쪽 모두 잘못할 때가 많다. 그렇기에 권사는 누구 편이 되어서도 안 되는 것이다. 오직 하나님 편이 되어야 한다. 하나님을 중심에 모시고, 그 관점으로 목사를 판단하고 목사를 위해 기도할 수 있어야 한다. 목사도 얼마든지 실수할 수 있다. 그걸 '교회의 어머니'는 덮어주어야 한다. 그러면서 목사가 두 번 다시는 그렇게 하지 않도록 해야 하는데, 우리는 목사의 잘못을 들추어내고 마침내 교회마저 깨뜨려버린다. 권사가 교회의 중심을 잘 잡고 버티고 있으면 상당 부분 해소될 수 있는 문제다.

권사이기에 저지르기 쉬운 실수가 있다. 교회나 목사를 인간적으로 생각하는 것이다. 예를 들어, 목사가 실수를 했을 때 하나님의 관점으로 보는 게 아니라 자꾸 인간적인 관점으로 덮어주려고 하거나 흔들려고 하는 것이다. 교회나 목사의 문제를 권사가 나서서 해결하려고 해서는 안 된다. 그럴 때 필요한 게 기도다. 신앙인으로서, 하나님의 사람으로서 어떤 문제를 본다는 것은 기도한다는 것이다.

권사가 저지르기 쉬운 실수

교회 문제의 원인이 목사일 경우가 많다. 그러면 권사는 조용히 그 사실을 알고 안타까운 마음으로 기도하면서 문제 해결을 도모하면 되는데, 덜컥 들추어버린다. 교회는 한번 문제를 들춰내면 수습이 안 된다. 엎질러진 물이 되어버린다. 문제를 해결하려고 했다가 문제는 더 꼬여버리고, 교회는 어려워지고 마침내 깨져버린다. 하나님의 영광이 무너지는 것이다.

그럴수록 권사는 어머니의 지혜가 있어야 된다. 모든 문제를 잘 알지만 그걸 입 밖에 내지 않고 조용히 마음속에 간직하고 기도하는 것이다. 넌지시 조언을 하는 것이다. 목사가 가장 두려워하고 존경하는 권사가 바로 그런 분들이다.

사람의 심리를 객관적으로 알 필요도 있다. 자신의 주장이 틀렸다면 거둬들이고 수정하는 게 당연하다. 그런데 사람의 심리가 자기 입으로 내뱉은 것은 어떻게 해서든 정당성을 주장하고 싶어 한다. "내가 잘못했습니다" 하면 끝날 문제인데 끝내 잘못을 인정하지 않는다. "내가 들었는데", "내가 봤는데" 이런 식으로 끝까지 나가니까 문제가 더욱 악화가 되는 것이다.

자기가 내뱉은 것에 대해서는 어쨌든 더 키우려고 하고 방어하려고 한다. 그러다 보니 결국엔 목사와 원수가 되어버린다. 항상 어떤 문제 앞에서는 수습하는 걸 원칙으로 생각해야지 들추는 것을 수습으로 착각해서는 안 된다. 물론 장로도 마찬가지다. 교회는 내 교회도, 네 교회도 아닌 하나님의 교회라는 걸 절대로 잊어서는 안 된다. 교회는 세상 사람들의 교회가 아니다. 우리가 만들어 마음대로 하려고 해서도 안 된다.

잠언 13장 3절은 "입을 지키는 자는 자기의 생명을 보전하나 입술을 크게 벌리는 자에게는 멸망이 오느니라"고 경고하고 있다. 입을 어떻게 놀리느냐에 따라 생명을 지킬 수도, 멸망을 가져올 수도 있다는 무서운 말이다.

권사가 무엇보다 조심해야 할 게 바로 입이다. 권사로서 범하기 쉬운 실수도, 탁월한 지혜도 모두 입에서 나오기 때문이다. 공개적으로 들었건 누군가에게 은밀하게 들었건 내 입으로 발설해선 안 되는 말들이 워낙 많다. 특별히 중직자일수록 더 그렇다. 어떻게 보면 장로다운 장로, 권사다운 권사가 이 시대 한국교회엔 필요하다. 그것 때문에 권사를 잘 세워야 한다느니, 권사를 잘 교육해야 한다느니 하는 말들이 계속해서 나오고 있는 것이다.

지금도 많은 교회들이 크고 작은 어려움을 겪고 있다. 그 원인은 여러 가지다. 목사가 잘못해서 생긴 문제이기도 하고, 권사나 장로의 욕심이 도화선이 된 경우도 있다. 때론 그 모든 것이 종합해서 돌이

킬 수 없는 상처로 남은 경우도 있다.

　이럴 때 구원투수처럼 꼭 필요한 게 바로 권사다. 그런 때일수록 권사는 말씀 위에, 신앙 위에 자신의 흔들리는 마음을 올려놓아야 한다. 그래서 하나님의 마음, 하나님의 눈으로 그 문제를 바라볼 수 있어야 한다. 그럴 때 해결책도 보인다. 그럴 때 하나님 앞에 무릎 꿇고 기도하게 된다. 그럴 때 권사는 묵직해진다. 그럴 때 권사 한 사람의 입에서 나오는 말은 서로 반목하던 교인 모두를 숙연하게 만들 수 있으며, 마침내 끝없는 소용돌이로 빨려들던 교회가 안정을 찾을 수 있다. 권사가 교회를 바꿀 수 있게 되는 것이다.

이 땅에서 천국을 누려라

27

요즘 '소확행'이 대세를 이루고 있다. 소확행은 '소소하지만 확실한 행복'이란 뜻으로 소소한 일상에서 찾는 행복을 말한다. 무라카미 하루키(村上春樹)의 수필 『랑겔한스섬의 오후』에 등장해 유행을 탄 신조어다. 거기엔 소확행을 "갓 구운 빵을 손으로 찢어 먹는 것, 서랍 안에 반듯하게 접어 돌돌 만 속옷이 잔뜩 쌓여 있는 것, 새로 산 정결한 면 냄새가 풍기는 하얀 셔츠를 머리에서부터 뒤집어쓰는 것"이라고 표현하고 있다.

우리나라의 시인들도 이 같은 소소한 즐거움, 일상의 행복을 간파했다. 김남조 시인은 「일상의 행복」에서 이렇게 말하고 있다.

스위치 누르자 전등 켜져 밝다 / 수도에서 더운물 찬물 잘 나온다 / 냉장고에 일용할 음식의 한 가족 살고 / 작동 즉시 전율 휘감는 음악 / 한

그루 나무에도 / 공생하는 새와 곤충들 있어 / 저들 숨 쉬는 허파와 그 심장 피주머니 / 숙연하다 / 그림자 한 필 드리우는 구름과 / 지척에 일렁이는 바람 손님들

안도현 시인도 「가을의 소원」에서 소소한 행복을 노래하고 있다.

적막의 포로가 되는 것 / 궁금한 게 없이 게을러지는 것 / 아무 이유 없이 걷는 것 / 햇볕이 슬어놓은 나락 냄새 맡는 것 / 마른풀처럼 더 이상 뻗지 않는 것 / 가끔 소나비 흠씬 맞는 것 / 혼자 우는 것 / 울다가 잠자리처럼 임종하는 것 / 초록을 그리워하지 않는 것

소소한 일상의 행복이 문화가 되다

이제 '소확행'은 우리 사회의 유행이나 트렌드를 넘어 문화로 자리 잡았다. 먼 곳을 여행하기보다는 동네 골목, 동네 카페, 동네 서점을 산책하듯 찾아가는 이들이 넘쳐난다. 화려하고 멋진 레스토랑이나 카페보다 허름한 건물을 살짝 손댄 듯 안댄 듯 마치 창고 같은 카페나 레스토랑을 더 좋아한다. 그리고 거기서 커피를 마시고 음식을 먹는 걸 행복으로 여긴다. 이 같은 '소확행'은 우리나라나 일본만이 아니라 미국, 유럽에서도 하나의 트렌드로 자리 잡고 있다는 보도가 끊임없이 나온다. 무엇이 이렇게 만들었을까?

사실, 이처럼 소소하고 일상적인 걸 즐기는 건 좀 낯선 풍경이기도 하다. 크고 화려한 걸 좋아하고, 가까이 우리 곁에 있는 걸 하찮게 여기고, 그래서 더 큰 것, 더 먼 곳을 추구해왔던 우리였으니 말이다. 소소한 일상의 행복을 즐기는 지금의 문화가 이상한 것인지 아니면 크고 화려한 걸 좇았던 과거가 잘못되었던 것인지 헷갈릴 지경이다.

예수님은 "하나님의 나라가 어느 때에 임합니까"라는 바리새인들의 질문에 이렇게 답변하셨다. "하나님의 나라는 볼 수 있게 임하는 것이 아니요 또 여기 있다 저기 있다고도 못하리니 하나님의 나라는 너희 안에 있느니라"(눅 17:20~21). 여기서 '너희 안에'라는 말이 공동번역 성서에서는 '너희 가운데', 영어 성경에는 'within you'라고 되어 있다. 바리새인들은 하나님 나라가 하늘에서 땅으로 내려오는 것인 줄 알았는데 그게 아니라 사람들 속에서, 사람들로부터 건설해가는 것임을 말씀하고 있는 것이다.

이것은 하나님 나라에 대한 예수님의 가르침 중에서 패러다임 전환과 같은 획기적인 내용이다. 왜냐하면 예수님의 제자들조차도 하나님 나라는 하늘에서 임하는 것으로 이해했기 때문이다. 일부는 하나님 나라를 예수님이 세상 권력을 가진 왕으로 등극하는 것으로 이해하기도 했다. 그런 제자들에게 예수님은 하나님 나라에 대해 끊임없이 가르치시고 일깨워주셨다.

우리는 흔히 천국을 파라다이스로 생각하는 경향이 있다. 아무런 고통도 슬픔도 없는 곳, 오직 기쁨과 행복만이 있는 곳으로 말이다.

물론 그 말이 완전히 틀리지는 않을 것이다. 문제는 천국에 대한 그런 관념 때문에 이 땅에서의 불의, 부족함, 죄를 용납하고 합리화한다는 점이다.

예수님의 가르침은 우리가 이 땅에서 천국을 제대로 누리지 못한다면 절대 천국에서도 제대로 누릴 수 없다는 걸 보여준다. 우리에게 주어진 일상을 제대로 살지 못하면서 천국만을 그리워하며 사는 것은 고단한 현실을 회피하는 것이고, 자신에게 주어진 길에 대해 책임을 다하지 못하는 것이다.

하나님 나라는 멀리서가 아닌 일상에서부터

이것은 사실 새삼스러운 내용은 아니다. 성경에서만이 아니라 가나안농군학교에서 내가 상식처럼 배운 것이기도 하다. 가나안농군학교에서 강조하는 것은 일상에서의 검소, 정직, 행함(실천)이다. 일상에서 제대로 살지 못하는 사람이 공동체나 사회에서 제대로 살 수 없기 때문이다. 일상에서 제대로 살지 못하면서 공동체나 사회에서 제대로 살아간다는 것은 위선적이거나 일상을 포기했거나 둘 중 하나다. 그런데 우리는 학교나 교회에서 듣고 말한 것과는 상관없이 가정과 사회에서 되는 대로 살아간다. 거기엔 아무런 양심의 가책도 없다. 세상 사람들과 구분되는 게 조금도 없다. 예수 믿는 향기라고는 찾아볼 수가 없다. 이러니 교회가 사회를 변화시키기는커녕 사회가 교회를 걱정하는 지경에 이르게 되는 것이다. 굳이 목회자의 윤리 문제만을 말할 것이 아니다. 교회 직분자의 이런 이중적인 태도가 일반인들의 교회 이미지를 결정한다는 걸 전혀 눈치 채지 못하고 있는 것이다.

그렇다면 예수님께서 얘기하신 '너희 안에'는 무슨 의미일까? 그것은 윤동주 시인이 「서시」에서 말한 "내게 주어진 길"과 같은 것이다. 벗어버릴 수 없는, 벗어서도 안 되는 운명 같은 것 말이다. 곧, 내 가정, 내 교회, '나'와 관련된, '나'를 아는 관계, 사람들이다.

진정 아름답고 존경스러운 사람은 누구일까? 예쁘고 유명한 연예인이나 유명인사일까? 정말로 '아름답다'거나 '존경스럽다'는 말을 붙일 수 있는 사람은 가정을 아름답게 가꾸고, 이웃에게도 정의로운 사람 아닐까.

그런데 우린 가정은 소홀히 한 채 교회 일만 열심인 권사들을 종종 본다. 교회 다니지 않는 남편 밥 챙겨주는 것은 안중에도 없이 불평하는 남편을 '시험' '고난'이라 여긴다. 그런 모습으로 자녀들에겐 "왜 똑바로 신앙생활을 하지 않느냐"며 나무란다. 사회에서는 개떡같이 사는데 교회에서는 경건한 척 보이는 장로님들을 어렵지 않게 만난다. 부정과 불의를 습관처럼 행하면서 예배 기도회에서는 묵직하고 경건한 목소리로 기도를 올린다. 문제는 이 같은 현상을 아무렇지 않게 여긴다는 것이다. '다들 그런다'고 생각하는 것이다. 그렇게 생각하다 보니 실제로 다들 그렇게 살아가고 있는 것인지도 모른다.

나는 하나님의 나라에 대해서는 그 기준을 좀 분명하게 제시해야 한다는 입장이다. 물론 그렇다고 '예수님을 믿어도 천국 가지 못한다'는 것은 아니다. 그만큼 이 땅에서의 삶, 일상에서의 그리스도인으로 산다는 게 중요하다는 걸 강조하는 것이다.

이 땅에서 천국을 누리지 못하는 사람이 죽어서 천국에 갈 수 있을까? 나는 못 간다고 생각한다. 나뿐만이 아니라 많은 이들이 그렇게 생각한다. 그 천국 못 가는 삶을 살고 있으면서 우리가 예수 믿는다고 할 수 있을까? 이것은 교회 직분자들, 특히 교회를 섬기느라 가정을 소홀히 여기는 한국교회의 일꾼들이 심각하게 생각해야 할 문제다.

그러니 자신이 교회에서 받은 직분이 어떤 의미가 있는지를 고민해봐야 한다. 그 직분에 걸맞게 교회에서, 가정에서, 사회에서 올바로 살아가고 있는지 하루하루 반성할 줄 알아야 한다. 그런 몸부림 속에서 고민하고 기도하며 살아갈 수 있다면 거기서 만나는 예수님을 통해 인생은 저절로 풍성하고 열매 맺는 삶이 될 것이다. 그런 직분자가 한 명 두 명 늘어날 때 실추된 교회 이미지도 회복될 것이다.

28
남편을 최고의 우군으로 만들라

나는 늘 새로운 계획을 앞두고 아내에게 세세한 동의를 구하며 살아왔다. 사업 방향을 전환할 때나 새로운 사업을 구상할 때도 내가 무엇 때문에 고민하는지, 다음 계획이 어떻게 되는지에 대해 아내와 자세히 나누며 공유했다. 심지어 아내의 동의가 없으면 마치 한 발짝도 떼지 않을 사람처럼 행동하기도 했다. 그러면 아내는 어김없이 내 편이 되어주었다. 내 편이 되어준다는 것은 나를 믿고 지지해준다는 뜻이며, 내가 목표 지점을 향해 달리다 길을 잃어버리지 않도록 끝까지 나의 길을 비춰준다는 뜻이다.

나의 페이스메이커가 되어준 아내

실제로 아내는 나와 살아왔던 지난 세월 동안 변함없이 나의 지지자요, 꿈을 향해 달리는 나의 페이스메이커가 되어주었다.

"앞으로 1년 정도는 생활비를 못 가져다줄 것 같아. 1년 동안은 회사 부채를 갚는 데 집중해야만 회사를 살릴 수가 있어."

내가 사업을 하다가 어려운 고비를 맞아 어쩔 수 없이 이렇게 털어놓을 때도 아내는 경제적 어려움을 감당했던 것은 물론, 나를 위해 밤마다 철야기도를 하며 영적인 지원을 아끼지 않았다. 심지어 내가 꿈의 길을 잃어버릴 때도 아내는 내가 가야 할 길의 방향을 자각시켜 줌으로써, 나를 다시 제자리로 돌아오도록 이끌어주었다. 몇 년 전, 영남에 가나안농군학교를 개척·설립해서 새로운 꿈을 펼칠 수 있었던 배경에도 그와 같은 아내의 진취적인 조력이 있었다.

사업가의 꿈만을 키워가던 젊은 시절에 김용기 장로님을 만나 뵌 후로 나도 모르는 사이에 새로운 꿈의 씨앗을 품게 되었다. 예수님의 가르침으로 무장된 행동하는 민족의 지도자들을 양성하고 싶은 꿈이 그것이었다. 가나안농군학교야말로 세계 선교의 마지막 보루이자 이 땅의 희망이라는 생각을 그때부터 계속 갖게 되었다.

그래서인지 나는 사업을 하면서도 마음 한켠에 늘 가나안농군학교의 정신을 품고 살았다. 김용기 장로님께서 소천하시고 김범일 장로님, 김평일 장로님이 각각 원주와 하남에 있는 가나안농군학교를 맡으신 후에도 나는 가나안농군학교 정신을 사업 현장과 가정생활에 적용하며, 두 분과 같은 꿈을 갖고 수십 년의 세월을 보내왔다.

그런 나의 생각은 아내에게도 공유가 되어서 아내는 늘 식탁에

반찬을 세 가지 이상 차리지 않았다. 그렇게 절약한 돈으로 하나님을 섬기고 이웃에게 베풀었다. 그러던 중 사업에 큰 위기가 닥쳤다. 모두가 어려웠던 IMF 시절이었다. 갑자기 불어닥친 외환위기에 건강까지 악화되어 큰 어려움에 직면했다. 하필이면 그때 나의 스승이신 김범일 장로님께서 나를 불러서 권하셨다. 내가 영남에 가나안농군학교를 설립했으면 좋겠다는 것이다.

교회나 기업, 학교 등에서 수많은 사람들이 가나안농군학교를 찾아와 교육을 받던 1970~1980년대에는 다른 지역에 가나안농군학교를 개척하겠다고 나서는 사람들이 종종 있었다. 그런데 무슨 이유에서인지 고 김용기 장로님께서 그분들의 제안을 계속 고사하셨다. 내가 섬기는 교회의 A 장로님도 그 무렵 농군학교를 개척할 뜻을 밝히셨지만 뜻을 이루지 못하셨다. 그때를 즈음해서 나는 꿈속에서 A 장로님을 만나 열쇠 하나를 건네받았다. 그분이 내게 "이현희 집사가 잘해봐!"라고 말씀하시는 게 아닌가. 그렇게 꿈에서 깬 뒤 그저 '좋은 꿈인 것 같다'고만 생각하고 말았다.

그런데 수십 년의 세월이 흐른 후 김범일 장로님께서 나에게 "영남에 가나안농군학교를 세웠으면 좋겠다"고 하실 때 그 꿈이 번뜩 떠올랐다. 하지만 선뜻 그렇게 하겠노라고 대답을 하진 못했다. 당시 가나안농군학교 개척을 위해 땅을 사고 학교를 지을 여력도 내게 없었거니와 이미 편리함만을 추구하는 이 시대에 사람들을 불러 모아 가나안농군학교 정신을 교육할 만한 헌신적인 사랑과 열정이 내게 타오르고 있는지도 자신할 수 없었으니까.

"제가 어떻게 그 일을 하겠습니까? 저는 적임자가 아닙니다. 그리고 지금 그럴 만한 여건도 안 되고요."

김범일 장로님의 제안에 별 주저함 없이 "못 한다"고 거절할 만큼 당시 내 주변 여건은 매우 열악했다. 나는 건강 악화로 쓰러져 병실에 누워 있었고, 회사는 외환위기의 여파로 소생 가능성이 안 보였다. 그러나 그런 상황에서 아내만은 나도 모르는 내 마음 깊은 곳에 숨겨진 소망의 불꽃을 간파하고 있었던 것 같다. 아니면 평생 동안 내 생각, 내 꿈을 공유해왔던 아내였기에 그때야말로 내 소망을 펼칠 타이밍이란 걸 알았는지도 모르겠다.

아내의 헌신으로 영남 가나안농군학교의 초석을 놓다

누가 보더라도 결코 그 일을 할 만할 때가 아니라고 판단되던 당시에 아내는 몇몇 지인들과 함께 원주의 가나안농군학교 수련회에 참석했다. 그러더니 "영남에 세워질 가나안농군학교는 이현희 장로의 몫인 것 같다"는 김범일 장로님의 말씀에 "하나님 뜻이면 순종하겠습니다"라고 용감하게 답을 하고야 말았다. 그러더니 며칠 철야기도로 하나님께 매달리고 나서 어느 날 아침, "응답을 받았다. 당신이 해야 한다"며 적극 권유하는 게 아닌가. 자신도 기꺼이 이 사역을 위해 돕겠노라는 말을 덧붙이면서 말이다.

이 일이 정말 하나님의 뜻이었는지, 이후 난관에 봉착했던 우리 기업은 기적적으로 소생하며 다시 일어섰다. 또한 그 덕분에 5~6년 뒤부터 우리에겐 농군학교를 시작할 수 있는 힘도 붙기 시작했다. 아내는 그때부터 백방으로 뛰어다니며 영남 밀양에 땅을 구입해 100명의 교육생을 수용할 수 있는 시설을 만드는 데 온몸을 바쳐 헌신했다. 학교가 완공된 뒤에는 교육생들이 찾아올 때마다 식당에 들어가 밥 짓고 설거지하는 일도 주저하지 않고 감당했다.

영남가나안농군학교는 그렇게 해서 탄생했다. 민족 지도자를 양성하고 싶은 꿈은 내가 조용히 꾸고 있었지만, 기가 막힌 타이밍에 그 꿈을 발견하고 실현할 수 있도록 초석을 마련해준 사람은 아내였던 것이다.

아내 외에도 가나안농군학교의 탄생을 위해 소리 없이 도왔던 분들이 여럿 계셨다. 수영교회에서는 이전 당회실을 가나안농군학교 사무실로 쓸 수 있도록 공간을 내어주셨고, 동역자인 정명운 목사와 김상복 장로, 이수남 장로, 이정숙 권사, 이귀연 간사 등은 매주 월요일마다 농군학교의 대지를 보며 함께 꿈꾸며 기도하기를 쉬지 않았다.

그래서 나는 지금도 그 시절을 돌아볼 때마다 한 가지 사실에 감사드리지 않을 수가 없다. 나는 그저 아내와 동역자들에게 내가 꿔야 할 꿈들을 나누었을 뿐인데, 그들은 나의 협력자를 넘어 가장 큰 조력자가 되어 그 꿈을 실현할 수 있는 멍석을 내 앞에서 깔아주고 있었다는 사실이다.

많은 크리스천들이 남편은 아내에게 아내는 남편에게 동역자이고 조력자인 것을 애써 부인하며 살아간다. 결혼식 때는 목사님 앞에서 성경에 손을 얹고 맹세하지만 결혼 햇수를 더해가면서 "실제 살아보니 달라도 너무 다르다"고 투정을 부린다. 결혼 전엔 눈에 콩깍지가 씌어 다른 것을 보지 못하다가 눈에 씌었던 것이 벗겨지면서 서로의 단점이 보이기 시작하는 것이다. 그리고 그때부터 아내는 남편을, 남편은 아내를 서로 동역자가 아닌 원수 보듯 한다. 결혼이 불행으로 끝나는 것은 결혼에 대한 이런 잘못된 관점 때문이다.

성경은 연합을 강조하고 있다. 연합은 반드시 서로 다른 것들을 필요로 한다. 하나님, 예수님, 성령님의 성삼위일체도 그렇고, 교회를 몸과 지체로 비유할 때도 마찬가지다. 서로 다르기에 연합해야 하고, 그 연합은 아름다운 결실을 빚게 되는 것이다. 그것이 하나님이 사역하시는 원리다.

권사도 남편을 아름다운 동역자로, 연합의 상대로 인정하는 순간 사역은 훨씬 더 풍성한 열매를 맺게 된다. 가정이 변하고 교회가 달라진다. 한 사람의 관점 변화가 놀라운 결과를 가져오는 것이다.

범사에 긍정하라

29

　누구든 부정적이면 사람을 잃게 마련이다. 부정적인 말과 행동이 상대방의 날개를 서서히 꺾는다는 걸 주변 사람들이 보고 듣고 체험하기 때문이다. 그래서 부정적인 사람은 자신의 꿈도 오롯이 혼자의 힘으로 이루어야 한다. 고독하고 힘겨운 싸움 끝에는 열매도 없다.
　반면 긍정적이 되면 많은 사람을 얻는다. 긍정이 상대방을 숨 쉬게 하고 영혼을 살아나게 하는 까닭이다. 그래서 긍정적인 사람은 다른 이들의 꿈을 이루게 하는 데 공헌함과 동시에, 사람을 얻음으로써 자신의 꿈도 이루어가는 일석이조의 열매를 보게 된다.
　그렇다면 사람과의 관계 속에서 어떻게 해야 그와 같은 긍정적인 사람이 될 수 있을까? 또한 부정과 긍정을 구분 짓는 기준은 과연 무엇일까? 나는 이 구분이 의외로 쉽다고 생각한다. 시행착오를 겪었던 나의 결혼생활이 이 구분법을 확실히 알려주었으니까.

수십 년 전, 당시 금융권에서 일하던 아내와 결혼을 해서 보니, 아내의 생활방식이 나와 달라도 너무 달랐다. 나는 자식을 너무나 사랑했지만 예의범절을 중요하게 생각하셨던 아버지의 교육으로 매사에 각이 잡혀 있다시피 했다.

가령 집에 들어가면 현관에 신발을 가지런히 벗어 앞쪽으로 놓은 후 집안으로 들어가는 것이 기본 중의 기본으로 몸에 배어 있었다. 그런데 아내는 영국 부대에 근무하셨던 장인께서 자유롭고 창의적으로 키우셨기 때문인지 현관에서 신발을 벗는 폼새부터가 나와는 달랐다. 약간 과장해서 표현하자면 현관문을 열고 들어섬과 동시에 아내의 신발은 각각 몇 미터씩 순식간에 날아가곤 했다.

그런데도 아내는 각각 날아간 신발을 정리할 생각은 도통 할 줄 몰랐다. 현관문이 열림과 동시에 신발 두 짝이 날아가고 그와 동시에 아내는 집안으로 들어서서 아무 거리낌 없이 자기 할 일을 하곤 했으니까.

그런 아내의 습관을 고쳐주고 싶었다. 아니, 반드시 그런 습관은 고쳐야 마땅하다고 생각했다. '어떻게 저럴 수 있지? 저러면 안 된다'라는 내 생각이 말투에서 그대로 표출되어 나왔다. "신발을 벗으면 정리를 해야지. 어떻게 몇 미터씩 떨어져 있는 것을 그냥 놔둘 수가 있소?"

나의 잔소리에 아내는 민망했던지 내 눈치를 보며 흐트러졌던 신발을 정리했지만 그것도 그때뿐, 다음 날 집에 들어가보면 어김없이 아내 신발은 여기저기 널브러져 있었다. 나는 부드러운 말투로 아내에게 다시 신발 정리를 종용했다. 그래도 아내의 습관은 고쳐질 줄 몰랐다.

무엇이 사람을 바꾸는가?

그러기를 몇 년, 어느 날 집에 들어가 "여보, 나 왔소"라며 아내를 부르는데 나를 본 아내가 깜짝 놀라더니 얼른 현관으로 와서는 긴장한 모습으로 자기 신발 정리를 하는 게 아닌가. 퇴근한 남편을 보는 아내 얼굴에는 반가움 대신 불안감이 역력했다. 나는 당혹스러움과 부끄러움을 느끼지 않을 수 없었.

'아, 내가 잘못했구나. 내가 했던 부정적인 소리들이 아내를 불안하고 주눅 들게 만들었구나!'

결혼 후 몇 년 동안 아내를 향해 "이거 고쳐라", "저거 고쳐라" 하고 말했던 나의 말 속에는 '난 당신의 모습 그대로를 수용할 수 없어'라는 부정적인 생각이 잔뜩 차지하고 있었던 것이다. 나는 나름대로 최대한 부드럽게 말한다고 생각했지만 아내는 그런 내 말을 들으며 자신의 습관을 기꺼이 바꾸려는 의지보다는, '난 왜 이 모양이지?', '저 사람은 나만 보면 또 지적할 거야'라는 생각에 자존감이 떨어지면서 불안감만 갖게 되었던 것이다.

한마디로 부정적인 생각으로 상대방을 바라보니 어느새 상대방도 자신을 부정하게 되고 서로의 관계도 깨져버리게 된 것이다. 긍정이란 이와 다르다. "너는 왜 나와 달라?"라며 나와 다른 상대를 뜯어고치려는 게 아니라 나와 다른 모습을 그대로 인정하고 수용하는 것이다. 마치 앞을 못 보는 이가 걷지 못하는 이에게 가서 "너는 왜 걷지 못하냐"며 닦달하는 대신 그의 발이 되어주는 것, 걷지 못하는 이도 앞 못 보는 이에게 가서 "너는 왜 보지 못하냐?"라며 눈살을 찌푸리는 대신 그의 눈이 되어주는 것으로 함께 윈윈 효과를 내는 것이 바로 관계에서의 긍정적인 태도다.

이 사실을 깨닫게 되자, 아내에게 너무도 미안한 마음이 들었다. 내가 의도했던 바는 아니었지만 아내가 그간 무슨 큰 잘못을 한 것도 아닌데 죄 지은 사람처럼 쩔쩔매며 살도록 한 책임은 분명 나의 부정적인 태도에 있었음을 인정하지 않을 수 없었다.

그날 이후로 나는 아내를 향한 태도를 180도 바꾸기 시작했다. 아내 역시 그날 이후 내 앞에서 짓는 표정이 달라져갔다. 얼마 전에도 집에 들어가보니 아내의 신발이 각각 저만치 떨어져 있었다. 그 모습을 보자 나는 늘 그래왔듯이 허리를 숙여 아내의 신발을 정리했다. 정리를 못 하는 아내와 정리를 잘 하는 남편이 사는 집이라면, 그런 일은 당연히 남편의 몫이어야 했다. 그런 나를 바라보는 아내에게도 한마디 건넸다.

"당신, 오늘도 신발을 참 예술적으로 잘 찼더라."

"그래요? 호호호. 내가 좀 예술적인 사람이긴 하죠!"

"하하하!"

나와 다른 아내의 습관 하나를 수용하자 우리 부부에게 웃음꽃이 활짝 피었다. '나는 당신의 있는 그대로를 긍정한다'는 사랑과 격려의 메시지가 서로에게 진하게 전달되었다. 그리고 그 메시지들이 아내의 가슴에 차곡차곡 쌓일수록 내 꿈을 응원하는 아내의 메시지도 더 긍정적이 되어갔다. 세월이 갈수록 나를 지지해주는 아내의 내조로 인해 나는 꿈꾸는 바를 차츰 이루어갈 수 있었다.

교회나 직장에서도 마찬가지다. 사람들은 항상 자신이 가진 열정과 생각으로 누군가를 바꾸려고 한다. 그 열정과 생각이 지나치면 사람들에게 상처를 주고, 편을 가르게 된다. 우리 사회에 만연한 진영 간의 다툼도 그런 것 아닌가.

아사교회생 아생교회사

누군가를 변화시키려거든 먼저 자신을 바꿀 줄 알아야 한다. 남보다 자신을 우월하게 여기고, 남을 변화나 동정의 대상으로 여기는 게 아닌 남에게서 배우려고 하고, 남을 나와 대등한 존재로, 친구로 인정해주는 것 말이다. 사실 사람의 변화, 이웃의 변화는 바로 거기에서부터 시작한다.

주위를 보라. 훈훈한 감동을 주고, 사람들이 배우려고 몰려드는 사람들의 특징은 누구든 받아들일 수 있는 품이 넓은 사람, 따뜻한 시선과 마음을 지닌 사람이다. 자기 고집, 자기 열정, 자기주장을 너무 내세우지 않는 사람이다. 교회에서 상처받는 사람이 많은 이유는 남이나 교회보다는 '자기 자신'을 앞세우기 때문 아닌가.

어느 교회 목양실에 이런 문구가 걸려 있었다.

아사교회생 아생교회사(我死教會生 我生教會死)

'내가 죽으면 교회가 살고 내가 살면 교회가 죽는다'라는 의미다. 이게 어디 담임목사에게만 해당되는 말일까? 교회 살림 구석구석을 책임지고 있는 권사야말로 이 말을 가슴속에 새겨야 한다.

나를 내려놓으면 매사, 모든 사람이 따뜻하게 들어온다. 만인을 감동시킬 수 있다. 반면 내가 살아 있으면 모든 사람을 힘들게 하고 상처를 준다. 나는 어떤 사람인가? 나는 교회에서 어떤 권사인가?

30 세상에서도 인정받는 권사가 되라

교회 제직이나 중직자들이 종종 실수하는 것 중 하나는 교회에서만 인정받으면 된다는 사고방식이다. 물론 교회에서 인정받는 것은 굉장히 중요한 일이다. 문제는 교회에서만 인정받고 세상에서는 전혀 인정받지 못하는 경우다. 한국교회엔 이런 교인이 상당수에 이른다. 무엇이 문제일까?

그것은 목사의 잘못이 크다. 교인들의 신앙생활을 너무 교회에 묶어놓았기 때문이다. 교회는 곧 성전이고, 성전은 하나님 계신 곳이다. 따라서 성전인 교회에서 잘 봉사하고 헌금 생활 잘하는 것이 곧 전부인 것처럼 인식하도록 만든 것이다. 이렇게 되니까 교인들의 주 생활무대인 세상에서는 하나님의 법을 따르지 않고 아무렇게 살아도 별 제재를 가하지 않는다. 그러다 보니 절름발이 신앙이 되고, 교회는 아무런 영향력이 없는 그야말로 게토화된 교회가 되어버리는 것이다.

신앙은 세상에서 빛과 소금이 되는 것

참된 신앙은 세상에서 똑바로 사는 것이다. 세상에서 빛과 소금이 되어야 한다. 예수님은 우리에게 세상의 빛과 소금이 되라고 했지 교회의 빛과 소금이 되라고 하신 적이 없다. 예수님의 관심은 세상을 변화시키는 것이다. 세상을 하나님의 사랑으로 비추는 것이다. 그런데 우리는 세상을 내팽개쳤다. 세상을 다시 품어야 한다. 세상에서의 빛과 소금으로서 신앙을 재무장해야 한다.

그렇다면 세상에서 인정받는 권사가 되려면 어떻게 해야 할까? 세상에는 룰이 있다. 하지만 보통 크리스천들은 그 룰을 무시하거나 회피하려는 경향이 있다. 우리는 그 룰을 따라 살 때 비로소 세상 속에서의 그리스도인이 될 수 있는 것이다. 여기서 주의해야 할 게 있다. 세상 룰을 따라간다고 할 때 무작정 따르는 게 아니라는 것이다. 해야 할 일과 하지 말아야 할 일을 구분해야 한다.

처음에는 어디까지 따라야 하고, 어디까지가 따르지 말아야 할 일인지가 구분이 가지 않는다. 무턱대고 세상 방식을 따라가다 보면 결국 함정에 걸리고 신앙은 파산하게 된다.

권사가 반드시 기억해야 할 게 있다. 교회가 올바른 사람, 진실한 사람, 정직한 사람을 좋아하듯이 세상도 올바르고 진실하고 정직한 사람을 좋아한다. 믿을 수 있는 사람을 좋아한다는 것이다. 세상 사람들이 하는 말도 "믿을 수 있는 사람이 없다"는 것이다. 얼마 전 기업 경영자 모임의 임원을 만났을 때 이런 얘기를 들었다. 자신의 회사에 근로자가 수천 명인데 믿을 수 있는 사람이 없다는 거다. 이게 그 임원만의 고민이 아니라 우리 사회 전체의 모습이기도 하다.

나는 크리스천이야말로 '믿을 수 있는 사람'이 될 수 있고, 그렇게 되어야 한다고 생각한다. 그렇게 되기 위해 뭔가 거창한 게 필요한 것도 아니다. 술자리에 따라가고, 회식 자리 피하지 않고, 그것도 끝까지 남아 자리를 지키는 것이다. 물론 처음엔 혼란스러울 수도 있다. 아예 그런 자리를 피하는 게 상책이라고 느낄 수도 있다. 하지만 그래서는 안 된다. 술자리 회식 자리는 참여하되 "나는 술 못 먹습니다. 미안합니다"라고 당당히 말하라. 그리스도인이라고 이 핑계 저 핑계 대고 자꾸 빠지다 보면 우리가 흔히 교회에서 말하는 것처럼 덕이 안 된다. 처음엔 어색하겠지만 음료수를 마셔라. 그게 다섯 번이 되고 열 번이 되면 나중엔 참석하는 것 만으로도 고마운 사람으로 인정받게 된다.

'다 빠져도 이 사람은 안 빠지더라'라고 인식되면 그리스도인으로 인정받는 것이다. 자기 정체성을 분명히 하는 것이다. 그러면 교회와 사회에서 절대로 이중생활을 하지 않게 된다. 세상에서 그리스도인으로 당당히 살지 못하면서 교회에서 아무리 권사인 척해봐야 그건 이중성밖에 안 된다.

술자리, 피하지 말라

나도 친구들과 가끔 술자리에 갈 때가 있다. 나에게 술을 따라준다. 그러면서 친구가 그런다. "목사들도 다 술마시는데 너는 왜 안 마시냐?" 나는 "목사는 못 마셔서 못 먹고 나는 바보라서 못 먹는다"며 끝내 사양한다. 이렇게 해서 나는 콜라를 마시는데 지금은 자기들이 알아서 다 챙겨주고 인정해준다. 그러면서 그 친구들이 나한테 "같이 앉아서 얘기 들어주고 같이 대화해줘서 고맙다"고 한다. 하나님께서는 우리에게 세상을 피하지 말고 가서 세상을 변화시키라고 하셨다. 그런데 우리가 그런 명령에 귀 닫고 세상을 피해버린다면 세상은 어떻게 될까?

"공부 잘하는 학생은 노는 것도 잘한다"는 얘기가 있다. 이런 학생들은 나중에 대학을 나오고 직장에서도 잘 적응하는 경향이 있다. 직장에서도 그런 얘기들을 한다. "일 잘하는 사람이 놀기도 잘 한다." 이걸 거꾸로 하면 놀기를 잘하는 사람이 공부도 잘하고 직장생활도 잘한다는 얘기가 된다. 물론 이걸 일반화할 수는 없다. 비록 노는 건 잘 못해도 한 가지만 열심히 해서 인정받는 사람들이 이 세상엔 많기 때문이다.

그런데 신앙생활에서만큼은 이런 논리가 맞는다. 즉, 세상에서 크리스천으로 인정받는 사람이 교회에서도 제대로 된 일꾼으로 인정받는 것이다. 다시 말해, 교회에서 인정받는 교인이 결국 사회에서도 인정받는다는 얘기다.

그런데 오늘날엔 기독교인이라고 하면 세상에서는 불편한 존재가 되어버렸다. 세상과 어울리지도 않고 외곬이거나, 아니면 세상에 아주 동화돼 세상과 구분이 가질 않는다. 이런 사람들이 교회에서는 잘 할까? 그렇지 않다. 교회에서도 똑같이 지낸다. 겉으로 그런 척해서는 안 된다. 크리스천의 정체성을 가지고 그 진심을 제대로 보여주고, 그래서 인정받게 될 때 그는 세상에서도 교회에서도 인정받는 멋진 하나님의 사람이 되는 것이다.

권사는 자신의 직분을 교회에서나 세상에서나 어디서든 소중하게 간직해야 한다. '나는 권사다'라는 정체성을 언제나 잊지 말아야 한다. 내가 권사라는 걸 세상의 그 어떤 직분, 직함보다도 더 귀하게 여겨야 한다. 우린 천국에 갈 사람들이다. 그러니까 세상에서도 떳떳할 수 있다. 그런 떳떳함, 당당함이 세상을 변화시킬 수 있다. 그런데 지금 세상은 떳떳하지 못하고 당당하지 못한 나 때문에 불편해하고 힘들어한다.

세상이 "너 하고는 어울리기 싫다"라고 한다면 우리가 무슨 전도를 하고, 무슨 그리스도의 향기를 풍길 수 있겠는가. 그러니까 권사는 세상에서도 권사로 살아야 한다.

사람들은 보통 아침에 눈을 떴을 때 그날의 목표와 계획을 점검한다. 권사의 경우는 권사로서 오늘 할 일의 내용 속에 반드시 직장이나 세상 속에서의 활동도 들어 있어야 한다. 그러나 일반적으로 하루의 일과 속에 '권사'는 쏙 빠지는 경우가 많다. 권사는 교회에서도 권사여야 하지만 가정에서도 권사여야 하고, 직장에서도 권사여야 한다. 이것이 권사의 정체성이다.

그런데 직장이나 세상은 쏙 빼놓고 교회에만 치중한다든지, 교회는 쏙 빼놓고 직장 일만 신경 쓰는 권사가 있다면 그것은 자기 정체성의 혼란을 자초하는 일이다. 사람들은 정체성의 혼란이 오면 보통 엉뚱한 데서 해답을 찾으려는 경향이 있다. 정체성이 어긋난 것은 보지 못하고 자꾸 방법만 바꾸려 하는 것이다. 그러니 인생이 엉뚱한 방향으로 갈 수밖에 없다.

가장 보람 있는 하루는 이부자리에 누웠을 때 뭔가 꽉 찬 느낌이 들 때다. 교회에서나 세상에서 권사로서 부끄럽지 않게 최선을 다해 살았을 때 그런 느낌이 든다. 그것을 일생으로 늘려보면 가장 보람 있는 인생은 권사로서 교회나 세상에서 자신을 온전히 드러낸 것이다. 그렇기 때문에 세상에서 인정받는 삶이 곧 하나님께도 인정받는 삶이 되는 것이다.

31
남이 하지 않으려고 하는 일을 내가 먼저 하라

사람들은 돈과 명예가 따르는 일이면 앞장서려는 경향이 있다. 반대로 돈과 명예가 따르지 않는다고 생각되는 하찮은 일은 피하려는 경향이 있다. 권사는 그래서는 안 된다. 권사는 섬김을 본질로 하는 직분이다. 섬김은 대상을 가리지 않는다. 특히 남이 하지 않으려고 하는 일이라면 틀림없다. 그 일이야말로 다른 누구도 아닌 권사에게만 주어진 고유의 일이다. 그런 믿음으로 평생 권사의 직분을 감당한다면 그는 사람과 하나님 앞에서 인정받는 일꾼이 될 수밖에 없다.

사업의 실패 앞에서

나는 평생 사업을 해온 사람이다. 사업이란 외환위기 같은 구조적인 외부 변수에 민감하게 반응하는 법이다. 외환위기 당시 사업을 뒤흔들 만한 폭풍우가 우리 사업장뿐만 아니라 다른 여타의 사업장에 휘몰아치고 있었다. 비교적 젊은 나이에 사업에 성공을 거두며 사업 확장을 이루었던 나는, 갑자기 외환위기가 불어 닥치는 바람에 우리 회사뿐 아니라 여러 거래처가 부도를 맞게 되었다. 그것은 곧, 기업이 재기할 수 있는 방법이 막혔다는 뜻이기도 하다. 아무리 사업장이 어려워져도 거래처만 끊기지 않으면 물건을 팔아 사업을 회복할 수가 있는 법인데, 거래처가 모두 끊겨버린 까닭에 물건을 팔 방도가 아예 사라져버린 것이다.

주저앉는 법을 몰랐던 나는 그와 같은 문제 앞에서도 결코 굴복할 수가 없었다. 부도를 맞았지만 공장은 가동되고 있었다. 나에겐 이 좋은 건강식품들을 어떻게든 팔아서 사업을 다시 일으켜야겠다는 생각뿐이었다. 결국 내가 직접 판매에 나서기로 했다. 어차피 영업으로 시작한 사업이어서 내가 다시 영업 전선에 뛰어드는 것이 어색하진 않았다. 관리는 직원들에게 맡기고 나는 2.5톤 트럭에 몸을 실은 채 전국을 순회했다. 동네 골목골목을 누비고 다니며 마이크를 잡고 제품을 알렸다. 때로는 마을회관 같은 데 자리를 잡고서 "공장도 가격으로 좋은 건강식품을 팝니다. 많이들 오셔서 구경하세요"라고 외치기도 했다.

그렇게 하루 종일 뛰다 보면 늦은 밤이 되어서야 잠자리에 들었다. 그것도 트럭 위가 내가 쉴 수 있는 유일한 곳이었다. 사방에 모기약을 빙 둘러 놓은 채 밤하늘을 올려다보고 있으면 총총한 별들이 나를 내려다보며 힘을 내라고 말하는 것만 같았다. 그때마다 나는 '주님'을 부르며 다시 일어설 수 있기를 기도하곤 했다.

한여름, 모기떼가 윙윙거리는 트럭 위에서 나는 나를 위해 죽으시고 나의 구원자가 되어주신 예수님을 생각하며 뜨거운 눈물을 흘렸다. 내가 죽더라도 예수님으로 인해 영생을 얻게 되었으니, 이생에서의 남은 삶은 예수님께서 바라시고 원하시는 모습대로 살아야겠다는 각오도 뜨겁게 일어났다.

"이제부터 내 인생의 기준은 예수님입니다."

어떤 면에서 나는 자기 확신이 강한 사람이라 내가 생각하는 것에 확신을 갖고 살아왔다. 그런데 그 무덥던 한여름의 트럭 위에서 내 세계관이 바뀌고, 내 삶의 기준이 완전히 뒤바뀌는 일들이 일어났다. 이제 내 모든 행동의 첫 번째 기준은 '내 뜻'이 아니라 '하나님의 뜻'이었다. '예수님이라면 어떻게 하실까'가 내 모든 선택의 기준이 되어버린 것이다.

"하나님, 이제부터 하나님이 제 인생의 첫 번째 순위입니다!"

이렇게 고백하고 나자 이번엔 인간관계의 우선순위도 따져보고 싶은 마음이 들었다. '내가 죽는다면 제일 원통할 사람은 아내일 것이고, 그다음이 부모님, 그다음이 자식, 그다음이 직원들이겠구나.'

이것은 그전까지는 한 번도 해보지 않은 생각이었다. 그때까지만 해도 나는 친구를 위해 살고, 친구를 위해 죽는 사람이었다. 내게 가장 소중한 사람은 친구였지 아내나 가족이 아니었다. 오죽했으면 평소 일중독자처럼 살다가도 친구가 찾아오면 주저 없이 나가서 어울리고, 친구가 어렵다고 하면 주저 없이 돈을 내주며 살았겠는가.

 죽음을 가정하며 내 삶의 원칙과 기준들을 하나하나 정리해보던 나는, 그동안 인간관계의 우선순위가 잘못되었음을 발견할 수 있었다. 하나님께서도 나와 가장 가까운 짝인 아내부터 먼저 돌아보고, 그다음에 부모님, 자식, 직원, 친구 순으로 돌아보며 섬기라고 말씀하시는 것 같았다. 부모님보다 아내를 먼저 앞세운 것은 부모님은 효자인 형님과 동생이 있어서 조금은 걱정이 덜했기 때문이다.

 그 무덥던 한여름, 이렇게 인간관계의 우선순위를 조용히 바꾼 날부터 나는 완전히 다른 사람으로 살았다. 권위적이기만 하던 남편이 어느덧 아내의 말에 귀를 기울이고, 부모님 편만 들었던 내가 부모님 앞에서도 아내 편을 들어주며 아내를 세우는 일에 열심을 내었다.

섬김의 눈으로, 낮은 자세로

 실질적으로 직원들 입장에서 기업을 하게 된 것도 그때부터였다. 직원들은 내 인간관계에서 네 번째 순위를 차지하는 사람들이었다. 그전까지 나는 여윳돈이 있으면 어려운 친구를 돌아보는 데 썼지, 어려운 직원들을 돕는 데 쓸 줄은 몰랐다. 그런데 이제는 '내게 맡겨진 직원들부터 돌보라'는 우선순위 원칙에 따라 그들을 사랑하며 섬기는 일에 최선을 다하기 시작했다. 직원들에게 나의 스케줄도 언제나 투명하게 공개했다. 직원들이 일할 때 나도 함께 일했고, 직원들이 힘들어할 때 나도 함께 울어줄 수 있는 사람이 되고자 노력했다. 내가 이날 이때껏 골프도 칠 줄 모르고 어디 놀러 다닐 줄도 모르는 사람이 된 것은, 그때 직원들의 자리로 내려가 함께 살려고 했던 결심 때문이다.

남들이 부담스러워하고 힘들어하는 일을 내가 앞장서서 감당했을 때, 문제가 해결될 뿐 아니라 직원들의 존경도 덤으로 얻을 수 있었다. 그뿐만이 아니다. 아내를 내 인간관계의 최우선순위에 두면서 나는 아내를 위해 화장실 청소를 하기 시작했다. 처음엔 아내가 '이 사람이 왜 이러지?' 하며 의아한 눈초리로 쳐다봤지만, 매주 한 번도 거르지 않고 청소를 하다 보니 얼마 안 가서 내 진심을 알아주기 시작했다. 나는 그런 아내를 위해 더 열심히, 더 깨끗하게 화장실을 청소했다.

우리 집 화장실만이 아니라 교회 화장실 청소도 내 몫이었다. 화장실 청소는 누구나 하기 꺼려하는 것이다. 하지만 나는 남들이 하기 부담스러워하는 영업을 직접 해본 경험을 살려 남이 하기 싫어하는 화장실 청소를 교회에서도 직접 하기 시작했다.

내가 하는 화장실 청소는 그냥 대충 하는 정도가 아니다. 수세미, 천 조각을 가지고 거품을 내서 바닥부터 구석구석 싹싹 닦는다. 그런 다음 변기 안이나 바닥 구석을 물로 깨끗이 씻어낸다. 그렇게 하고 나면 우선 내 마음이 제일 상쾌하다. 내가 만족하면 다른 사람들도 만족하게 되어 있다. 언제부턴가 우리나라 고속도로 화장실이 깨끗하고 쾌적하게 바뀌어서 사람들의 마음을 상쾌하게 해주는 것처럼 교회 화장실, 집 화장실이 깨끗하게 바뀌면 사람들의 마음가짐이 달라진다. 왠지 냄새 날 것 같고, 지저분할 것 같은 화장실의 고정관념을 깨끗하게 바꿔주면 사람들의 마음가짐도 달라진다. 그것이 사람을 바꾸는 힘이다.

그런데 적당히 해가지고는 그런 희열, 칭찬을 얻기 힘들다. 철저하게 해야 한다. 내가 만족할 때까지 해야 한다. 주님께 하듯이 정성을 다해야 한다. 그럴 때 비로소 내가 행복하다. 내가 행복하면 다른 사람도 행복하게 되어 있다. 그것이 남이 하기 싫은 일을 내가 감당할 때의 행복이다.

가정이나 교회에서 남들이 꺼려하는 일들을 찾아보면 무척 많다. 설거지부터 화분 물주기, 보이지 않는 곳 먼지 닦기, 거실 및 책상 정리 등. 그런 사소한 것 중 한 가지를 나에게 주신 일로 여기고 최선을 다해 감당하다 보면 남모르는 기쁨이 보너스처럼 주어진다. 그 기쁨은 나 혼자만의 것이 아니고 남을 행복하게 해주는 것이다. 그것이 봉사의 기쁨, 섬김의 비밀이다.

나는 권사라는 타이틀은 그 일을 위해 주어진 것이라 생각한다. 남이 하찮게 여기고 하지 않으려는 그 일 속에 주님이 주시는 기쁨, 축복의 비밀이 숨겨져 있다. 그 일에 앞장서고 그 일을 붙잡는 것이 이 세상 둘도 없는 행복한 권사가 되는 비결이다.

32 자식들에게 존경받는 어머니가 되라

나는 참 유복하게 자랐다. 아버지와 어머니가 자식들을 따뜻하게 사랑해주신 덕분이다. 부농 집안의 3대 독자로 큰 어려움 없이 사시던 아버지는, 큰아들인 형님의 사업 자금을 대다가 결국 일꾼을 거느리는 부농이 아니라 직접 농사 지어 근근이 먹고사는 가난한 농사꾼이 되셨다. 아버지는 평생 양복이나 구두 한번 신어보신 적이 없다. 언제나 고무신에 한복을 걸치고 다니셨다. 농사를 지을 때도 항상 그 복장이셨다. 아버지는 언제나 말이 없으신 분이셨다. 자식들을 혼내는 경우도 없었다. 나는 아버지한테 매를 맞은 기억이 한 번도 없다. 그만큼 나를 아껴주셨다. 옛날 농촌에서는 어머니가 가족들 밥을 퍼주실 때 아버지 밥은 쌀밥으로 해서 수북이 퍼주셨다. 반면 어머니와 자식들은 보리밥을 먹었다. 그런데 아버지는 항상 그 쌀밥을 우리에게 주시고 당신은 보리밥을 잡수셨다.

가난했던 아버지와의 약속

어느 날, 아버지는 초등학생이던 내 손을 잡고 5일장을 가셨다. 입고 있던 내 옷이 다 해져서 모처럼 새 옷을 사주실 요량으로 찾아간 길이었다. 옷가게에 들어선 나는 쌓여 있던 옷들 중 마음에 드는 곳을 한 벌 골랐다.

"이거? 아니다. 내가 보기엔 이게 훨씬 낫다."

고르고 골라서 마음에 드는 옷 한 벌을 집어 들었는데, 아버지는 웬일로 내 의견을 무시한 채 기어코 다른 옷을 권하셨다.

"아니에요. 아버지, 전 이게 좋아요."

"아니다. 이게 낫다. 봐라! 이게 더 좋지 않냐?"

이상한 일이었다. 내가 고른 옷보다 좀 더 크고 촌스러운 옷을 집으시고는 그게 더 좋다고 우기시는 아버지 모습이 영 낯설기만 했다. 기왕이면 내 몸에도 맞고 유행에도 크게 뒤처지지 않는 옷을 고르는 게 나을 텐데, 아버지는 왜 내 몸에도 안 맞고 유행에도 뒤처진 큰 옷을 고르시는 걸까. 의아한 마음으로 아버지와 실랑이를 벌이던 나는 불현듯 한 가지 생각이 떠올랐다.

'아, 아버지가 돈이 부족하시구나.'

이 생각이 들자 나는 왜 그리 당황스러웠던지 더 이상 그곳에 있을 수가 없었다. 아버지 손을 잡고 서둘러 그곳을 빠져나오며 아버지께 말씀드렸다.

"아버지, 오늘은 별로 맘에 드는 게 없으니까 나중에 사요."

나의 돌발적인 행동에 아버지는 아무 말이 없으셨다. 어색해진 나는 짐짓 태연한 체하며 집으로 향했고, 아버지는 그런 나를 바라보며 저만치 뒤에서 따라오셨다. 한 20~30분 걸었을까. 나는 문득 아버지의 흐느끼는 소리를 듣고 반사적으로 고개를 돌렸다.

"아버지……."

아버지의 눈물을 그렇게 가까이서 보기는 처음이었다. 터벅터벅 걸어가는 자식의 뒷모습을 보며 눈물을 삼키시던 아버지는 더 이상 참기 힘드셨는지 소리 내어 울고 계셨다. 그러고는 나를 와락 껴안으시며 말씀하셨다.

"미안하다. 애비가 못나서 내 새끼 옷 하나도 못 사주고……."

유복하게 자라셨던 아버지라 그 사건이 더 큰 아픔으로 다가왔는지 모르겠다. 아버지는 어린 나를 안고 내 등을 토닥이며 엉엉 우셨다. 그러고는 뭔가를 결심한 듯 단호한 어조로 말씀하셨다.

"내 뼈가 으스러지는 한이 있더라도 어떻게든 너를 가르쳐서 나처럼 살게 하지 않으마. 나처럼 고생시키지 않으마."

아버지의 독백 같은 그 말을 듣자 나도 들길을 걸어오며 혼자 생각했던 것들을 단숨에 아버지께 털어놓았다.

"아버지, 저 괜찮아요. 제가 어떻게든 돈 많이 버는 사장이 되어서 아버지가 고생 안 하시게 해드릴게요."

나는 그때의 그 고백, 그 장면을 평생 잊어본 적이 없다. 왜냐하면 그날 나는 생애 처음으로 내 마음의 절절한 소원, 내 세포 하나하나에서 터져 나오는 강인한 열망을 느꼈기 때문이다. 아버지는 자식에 대한 책임감을, 나는 아버지의 사랑에 대한 보답의 마음을 갖게 된 간절한 꿈이었다.

이후 그 꿈은 아버지와 나를 움직이는 원동력이 되었다. 누군가에게 멋지게 보이기 위해 포장된 꿈이 아니라, 저 마음 밑바닥에서부터 뜨겁게 끓어오르는 아버지와 나의 꿈과 소원이 저물녘 들판의 핏빛 노을처럼 우리의 생애를 휘감아버렸던 것이다.

어머니의 존경과 사랑

어머니의 사랑도 평생 나를 키우는 영양분이 되었다. 어머니는 단순하시지만 자식들한테는 절대 후원자셨다. 어머니 역시 자식들에게 싫은 소리 한번 하신 적이 없다. 어머니에게 우리 형제들은 마치 대통령 같은 아들들이었다. 얼마나 우릴 신뢰하고 따뜻하게 대해주셨는지 모른다. 그러다 보니 시골에서 자랐지만 우리에겐 커다란 자긍심 같은 게 있었다.

어머니는 우릴 위해 절대적인 희생을 하시고 우리만을 위해서 사셨던 분이다. 그게 어머니에 대한 기억의 전부다. 그러니 우리 형제들은 평생 어머니를 잊을 수 없다. 나는 매달 어머니에게 용돈을 드렸다. 그러면 어머니는 그 돈을 며느리들에게 다시 나눠주셨다. 모았다가는 나눠주시고 모았다가는 나눠주시고를 반복하셨다. 결국 자식이 용돈을 드려도 그걸 다시 자식들에게 나눠주시는 어머니셨다. 어머니는 언제나 우리의 응원자셨다. 자식들이 먼저 예수를 믿고 어머니에게 "어머니, 교회 갑시다" 했더니 어머니는 무작정 따라오셨다. 그만큼 자식들을 신뢰하는 어머니셨다.

아버지는 전주 이씨 집안이어서 그런지 "내가 교회 다니면 조상을 어떻게 보냐?"고 하시면서 따라나서지 않으셨다. 물론 마지막엔 예수님을 영접하고 돌아가셨다.

어머니는 우리 인생의 전부셨다. 지금도 어머니 이야기를 하면 나도 모르게 눈시울이 젖는다. 그것은 어머니가 고생하셨다는 슬픔이나 자식으로서 제대로 섬기지 못한 아쉬움의 눈물이 아니다. 감사와 사랑의 눈물이다.

어머니는 참 행복하게 사셨다. 우리 4형제가 다 효자들이었다. 어머니는 늘 당당하셨다. 아버지가 88세에 돌아가시고, 어머님이 그로부터 10년을 넘게 사셨는데 어머니는 늘 자식들에게 당당하셨다. 오늘 형님네 계시다가도 "지금 둘째한테 간다"고 하면 우리 형제들은 그걸 다 받아야 했다. 다행히 며느리들도 잘 따라줬다. 어머님이 곧바로 오시겠다고 하면 방을 비워놓고 준비했다. 이러한 어머니에 대한 자식들의 존경은 그냥 나오는 게 아니다. 어머니께서 평소 우리에게 베풀어주셨던 깊고 진한 사랑을 먹으며 자랐기 때문이다. 어머니는 평생 베푸셨던 사랑의 보답으로 그 자식들의 존경을 한 몸에 받으셨던 것이다.

　이 세상에 자식들에게 사랑을 베풀지 않는 어머니가 어디 있으랴. 이 세상에 어머니를 존경하지 않는 자식들이 어디 있으랴. 하지만 자식에 대한 사랑과 어머니에 대한 존경은 그저 자식을 낳는다고, 세월이 간다고 생기는 게 아니다. 그것은 반드시 어머니의 희생을 전제로 한다. 자식들을 위해 자신의 모든 것을 내어주는 어머니의 희생, 거기에 어머니의 진가가 있는 것이다. 결국 자식은 그런 어머니를 알아보고 인정하게 되는 것이다.

　권사는 이런 어머니여야 한다. 그것은 제자들을 위해, 죄인들을 위해 자신의 몸을 내어주신 예수님의 십자가 사랑과도 닮았다. 그래서 어머니의 사랑은 위대하다. 거기에 어머니의 권위가 있다. 그런 어머니의 사랑과 권위를 가진 사람이 바로 권사다.

33
실패에 감사하고 실수에 정직하라

나는 사업을 하는 동안 세 번의 큰 실패를 경험했다. 하지만 실패 속에서 하나님을 만나고 내가 진짜 가야 할 길, 내가 진짜 품어야 할 꿈을 찾게 되었다. 그때부터는 위험한 야망 대신 위대한 꿈을 꾸게 되었다. 실패야말로 내 인생이 실패작이 되지 않고 롱런할 수 있도록 한 비결이 된 것이다.

종횡무진 사업 확장이 이뤄지던 시기에 맞았던 세 번의 큰 실패는 나를 새로운 꿈의 세계로 안내했다. 물론 실패 자체가 나를 그렇게 인도했다는 뜻은 아니다. 나는 엄청난 규모의 부도를 맞은 데다 건강 악화와 채무자들의 빗발치는 성화로 절체절명의 위기에 놓일 때도 있었다. 돈, 건강, 인간관계의 위기가 한꺼번에 몰아닥쳐서 누가 봐도 재기가 어려워 보였다. 그러나 이와 같은 실패 가운데서 위를 쳐다보자 하나님께선 생각지도 못한 방법으로 나를 다시 일어서

게 하셨다. 제조자인 내가 TV 홈쇼핑에 직접 출연하게 되어 선풍적인 매출을 올리며 재기의 발판을 다진 사건이 그 한 실례다.

실패 뒤에 밀려오는 은혜의 파도

기업가로서의 40년은 그와 같은 은혜의 드라마가 있었기에 가능했다. 즉, 실패를 겪을 때마다 파도에 떠밀려 죽게 된 나를 살려주시는 하나님의 마음이 명명백백하게 보였기에, 나는 사업을 하면 할수록 인생을 경영하시는 그분의 손길 안에서 새로운 꿈을 꿀 수 있었다.

시련과 환란의 시기에 갖게 된 그와 같은 마음을 바탕으로, 나는 회사 사시도 '씨 뿌리는 마음'으로 정했다. 씨앗은 미래의 결실이다. 여명이 깃든 아침 들녘에 '씨앗을 뿌리는 농부의 마음'으로 제품에 정성을 담겠다는 내 삶의 의지의 표현이자 회사의 정신이다. "사람이 무엇으로 심든지 그대로 거두리라"(갈 6:7)는 성경 말씀대로, 내 가족에게 먹인다는 분명한 목표로 정직한 꿈을 꿀 때 평생 일하며 달려갈 동력도 주어진다는 걸 직원들과 함께 공유하고 싶었다.

그것은 어떻게 먹고살 것인가를 생각하기 이전에, 왜 살아야 하며, 무엇을 꿈꾸며 일해야 하는가에 대한 답을 먼저 찾는 것이 우리 인생의 보배로운 결실을 맺는 비법이기 때문이다. 누구든지 악으로 밭을 갈고 거기에 독을 뿌린다면 거두는 것은 악과 독일 수밖에 없다. "눈물을 흘리며 씨를 뿌리는 자는 기쁨으로 단을 거두는 것"(시

126:5)이 하나님께서 설계하신 우리 인생의 원리 아니던가.

'내 마음에 무엇을 품고 달려가는가', 즉 내가 꿈꾸는 것이 무엇인가에 따라 내 인생의 방향과 그림이 완전히 달라진다는 걸 나는 우리 직원들에게, 또한 동시대를 살아가며 꿈꾸는 모든 이들에게 말하고 싶었다. 실패는 그 본질적인 길을 잃지 않게 하는 등대 같은 것이다.

1998년 IMF 외환위기가 닥치며 대기업을 비롯한 중소기업들은 엄청난 어려움을 겪고 있었다. 그것은 우리 회사만 직면한 문제가 아니었다. 원자재를 수입해야 하는 이 나라 기업 대부분이 비슷한 상황이어서 뼈를 깎는 심정으로 직원들을 대거 감원하는 분위기였다. 하지만 나는 자식 같고 형제 같은 직원들을 도저히 감원할 수가 없어서 직원들 누구에게도 퇴출 얘기를 꺼내지 못했다. 나는 감원을 해서 기업을 살리는 방안이 아닌, 다른 방도를 찾기 위해 백방으로 뛰어다녔다.

하루하루 숨통을 죄어오는 듯한 시간들이 계속되자 몸이 버텨내질 못했다. 과로와 압박감이 원인이었는지 갑자기 쓰러져 병원에 실려 갔던 것이다. 진찰 결과가 생각보다 안 좋았다. 우선은 당뇨 수치가 최고점을 찍다시피 했다. 당장 혈당 조절을 위한 응급조치에 들어가야 하는데 설상가상으로 간 수치까지 매우 나빠서 필요한 조치를 선뜻 취할 수가 없었다. 내가 스스로 느끼는 몸 상태도 생명의 위협을 느낄 정도였다. 그런 나를 위한 의사들의 의견이 분분하던 중, 당 수치부터 빨리 잡지 않으면 위험해질 수 있다는 진단에 따라 날마다 인슐린 주사를 맞으며 조절해나갔다.

그러자 얼마 되지 않아 거짓말처럼 편안히 숨 쉴 수 있는 상태가 찾아왔다. 마치 거대한 폭풍우와 몇 날 몇 일 사투를 벌이던 어부가 갑자기 고요하고 잠잠한 바다 앞에 직면한 심정이랄까. '아, 살았구나' 하는 안도의 한숨과 함께 인생의 폭풍우와 사투를 벌일 때 가졌던 마음들이 내 가슴을 쓸어내렸다.

치열한 전쟁의 한복판에서 군인들은 살아야 한다는 것, 살고 싶다는 그 생각 외에 다른 생각을 가질 수가 없는 법이다. 평소 더 좋은 걸 갖고 싶어 했던 욕망들이 얼마나 부질없는 것인지 전쟁의 한복판에 서면 알게 된다.

나는 마치 그런 군인이 된 심정이었다. 전쟁터의 치열한 싸움에서 살아 있다는 그 하나의 가치가 얼마나 큰 은혜인지에 대해 인생의 주관자이신 하나님 앞에 감사드리지 않을 수 없었다. 내 생명의 호흡을 쥐고 계신 창조주 하나님의 측량할 수 없는 은혜를 깨닫자 눈물이 쉴 새 없이 흘러내렸다. 하나님께서 그런 내 마음 가운데 이런 음성을 들려주셨다.

"네가 여기까지 온 것도 모두 내 은혜가 아니냐? 물질도 어차피 네 것이 아니지 않느냐?"

물질이 어차피 내 것이 아니라는 하나님의 음성에, 내 어깨에 실렸던 모든 무게감이 삽시간에 녹아내리는 것 같았다.

"그렇죠, 하나님. 제 것이 아니었지요. 전 어차피 아무것도 없는 촌놈이었습니다. 여기서 모든 걸 잃어도 전 잃는 게 없는 셈이네요.

이제 저는 아무것도 없어도 하나님과 함께라면 얼마든지 잘살 수 있을 것 같습니다."

내 마음에 들려주시는 그분의 음성에 그렇게 답을 하고 나니 나에겐 놀랄 만한 평안이 물밀 듯이 밀려왔다. 그동안 쌓아올린 모든 것들을 한꺼번에 다 잃으면 어쩌나 싶었던 중압감과 초조감이 되레 "다 잃어도 괜찮습니다"라는 평안으로 순식간에 바뀌어버렸다.

그러자 더 이상 병원에 누워 있고 싶지 않았다. 3개월 정도 입원해서 당뇨를 조절하고 가라는 의사의 권유를 뿌리치고 퇴원을 한 후, 스스로 건강 관리에 들어갔다. 이제 더 이상 아무것도 없어도 좋다는 생각으로 나의 경영권을 하나님께 맡기고 나니, 건강을 관리할 수 있는 집중력도 생겨났다.

"내려놓으라"

그럴 때에 찾아온 직원들 앞에서 나는 예전과는 다른 얘기를 꺼냈다. "내가 어떻게든 회사를 살리겠다"는 말 대신, "이제 내게 회사를 살릴 만한 어떤 대안도 없다. 그것이 나의 생각이다"라고 솔직하게 털어놓았다. 내게 대안이나 능력이 없는데, 회장인 내가 계속해서 회사를 살리기 위해 발버둥 친다면 그건 직원들에게도 더 큰 화를 초래하는 셈이었다. 나를 위해서만이 아니라 직원들을 위해서라도 내가 완전히 내려놓기를 하나님께서도 원하고 계시는 듯했다.

그 생각은 세월이 지난 지금도 변함이 없다. 실수나 실패 앞에서 지도자가 취할 수 있는 가장 지혜롭고 신실한 태도는 '내려놓음'이라 믿는다. 어떻게든 문제를 덮어버리거나 임시방편으로라도 해결하려고 하는 것보다는 내 힘으론 할 수 없다고 항복하는 것, 그것이 나를 살리고 상대방을 살리는 가장 최선의 길이다.

당시 나는 내 생애 최고의 위기 앞에서 "내려놓으라"는 하나님의 음성을 따라 손과 발을 다 드는 모습을 직원들에게 보여줬다. 그러자 기적 같은 일이 일어났다. 직원들이 나서서 "우리가 회사를 살려보겠습니다"라며 일심동체가 되어 나서주었던 것이다.

사람은 누구나 실패와 실수를 겪으며 살아갈 수밖에 없다. 중요한 것은 실패와 실수를 겪지 않는 것이 아니라 실패와 실수를 어떻게 대하느냐다. 단언컨대 실패와 실수는 하나님의 뜻에 한 걸음 더 다가가는 첩경이다. 직분자들은 주어진 길을 가는 동안 맞닥뜨리게 되는 모든 실패와 실수를 통해 하나님의 은혜를 더 깊이 맛볼 수 있다. 그래서 실패와 실수야말로 하나님의 은혜인 것이다.

34
문제 제기자가 아닌
문제 해결자가 되라

　회사를 경영하던 시절, 나는 가끔 직원들을 모아놓고 "우리 회사의 문제가 뭔가?"라는 질문을 던지곤 했다. 그러면 직원들이 하나둘씩 회사 내에 해결해야 할 문제들을 꺼내놓았다. "그럼 이 문제를 어떻게 해결하면 좋겠는가?" 물으면 그때부터 직원들에게서 창의적인 해결 방안이 하나씩 나오기 시작했다.

　"이 문제는 제가 해결할 수 있습니다. 지금 당장 담당자를 만나서 얘기를 나눠보겠습니다."

　"해결 가능합니다. 이 문제는 우리 부서에서 정리해보겠습니다."

문제 제기와 문제 해결

　문제를 겁내지 않는 직원들에게선 언제나 긍정적인 해결 방안들이 많이 쏟아져 나왔다. 그리고 그 방안대로 추진하다 보면 어느덧 문제가 해결되는 걸 자주 경험할 수 있었다.

그런데 간혹 직원들이 제기한 문제들 중에는 우리가 아직 해결할 수 없는 것들도 있었다. 계약이 성사되면 회사 측에서는 매우 이익이지만, 아직은 회사가 감당할 수 없는 계약인 경우가 그랬다. 그럴 때 나는 주저 없이 말했다.

"이것은 우리가 끊읍시다. 우리 중 누구도 하지 못하는 일입니다."

어지간해선 '못 한다'는 말을 하는 법이 없는 나도, 그렇게 내려놓아야 할 때는 과감하게 내려놓았다. 왜냐하면 아직 하나님께서 우리에게 허락하지 않는 일에 대해서는 내려놓는 것이 하나님을 향한 나의 긍정임을 잘 알고 있었기 때문이다.

내 생각과 다르더라도, 하나님께서 "아니다"라고 하시는 것에 대해 "알겠습니다"라고 순종하는 것이 긍정인 것이다. 반면 하나님이 "아니다"라고 하시는 것을 내가 자꾸 "아니요. 그것이 맞습니다"라고 하는 게 부정이고 불신앙이다.

구약의 예언서들을 보라. 죄악이 가득했던 그 시절에 하나님께선 이스라엘을 향해 "너 잘될 것이다", "너희에게 축복이 있다"라고 말씀하지 않으셨다. "너희들 이대로 가면 재앙이 기다리고 있다", "이 나라가 망하고 너희는 포로가 될 것이다"라는 부정적인 메시지만을 주셨다. 이스라엘의 입장에서는 선뜻 납득이 가지 않을 메시지였다. 그런데 이 같은 하나님의 메시지에 대해 선지자들은 "아니요. 나는 절대 그런 메시지를 전할 수 없습니다", "이 나라는 잘될 것입니다"라고 하지 않았다. "알겠습니다. 그대로 전하겠습니다"라고 하고는, 하나님께 받은 메시지를 이스라엘 백성들에게 그대로 전했다.

왜 그랬을까? 선지자들은 하나님께서 주신 것들에 대해서도 '예'로 받고, 주지 않으시는 것들에 대해서도 '예'로 받는 것이 참된 긍정, 즉 하나님 앞에서의 올바른 자세임을 잘 알고 있었기 때문이다. 만약 하나님의 메시지를 '예'로 받지 않거나 조금이라도 왜곡한다면 그 선지자는 죽음에 처해졌다. 절대 진리이자 절대 선이신 하나님의 뜻에 대한 전적인 순종이 바로 긍정의 기본이고 완성이라는 얘기다.

그런데 긍정과 꿈에 대한 이야기를 나누다 보면 더러 오해하는 교인들이 있다. "할 수 있다"는 긍정의 논리를 무조건적인 '자기 최면'이나 '자기 암시' 같은 것으로 받아들이는 일이 그것이다.

그것은 오해 중의 오해다. 꿈에 대한 가능성을 품고 긍정적으로 달려간다는 것은 "난 무조건 잘 돼야 해!"라며 자기 최면을 건 채 달려가는 것과는 다른 것이다. 후자는 근거 없는 믿음으로 사는 사람인 반면, 전자는 근거가 분명한 믿음으로 사는 사람이다. 하나님을 믿을 때도 덮어놓고 믿는 게 아니라, 성경을 펼쳐놓고 하나하나 믿을 만한 근거를 찾으며 믿을 때 참된 믿음이 생기듯이, 참된 긍정이란 긍정할 만한 근거나 이유가 분명할 때 생겨난다. 즉, 진정으로 긍정적인 사람이라면 자신이 긍정하는 것들에 대한 이유와 근거를 믿음 안에서 갖고 있어야 한다는 뜻이다.

그래서 우리는 "내가 꿈꾸는 것이라면 반드시 이루어진다"고 주장하기에 앞서 "이 꿈이 과연 하나님께로부터 온 것인가? 하나님께서 도와주실 만한 꿈인가"에 대한 합리적인 이유와 근거를 먼저 찾아봐야만 하는 것이다.

"하나님, 제가 이 꿈을 꾸는 게 맞는 걸까요?"

이 질문을 던질 때 하나님께서는 답을 주신다. 내 양심의 소리를 통해서든, 주변 사람들의 권면을 통해서든, 아니면 나를 둘러싼 환경을 통해서든 하나님께서는 질문하는 자에게 반드시 답을 주시는 분이다.

가족이나 배우자에게 자신이 꿈꾸는 것을 공유할 수 없다면, 그 꿈은 처음부터 접어야 할 꿈이란 사실을 나는 강조하고 싶다. 주변에서 일확천금의 꿈을 가진 가장들을 보라. 그들은 자신의 꿈을 배우자와 공유하지 않은 채 혼자 일을 벌이다가 사기를 당하는 등의 어려움을 겪는다.

내가 간절히 원했더라도 어느 순간 하나님께서 기뻐하시는 뜻이 아니라는 게 확인될 때는, 즉시 그 꿈을 접을 수 있는 사람이야말로 진짜 긍정의 사람이다. 즉, "이거 해라"라고 말씀하시는 하나님의 사인에도 "예스!"라고 답할 뿐 아니라, 때론 "이건 아니다"라는 사인에 대해서도 "알겠습니다"라고 응답하며 그 일을 내려놓는 사람이 진정 긍정적인 사람이라는 얘기다. 하나님께서 아니라고 하시는데도 "이건 반드시 잘 될 거야"라며 자기 최면을 걸고 달려가는 사람은 긍정적인 사람이 아니라 어리석은 사람이라고밖에 말할 수가 없다.

문제 해결은 책임감에 달려 있다

우리 앞에는 무수한 문제들이 기다리고 있다. 하나님을 믿는 사람이라고 해서 예외가 없다. 그런데 다수의 사람들은 그 문제를 제기하고 지적하는 사람들이다. 그 문제를 해결하겠다고 나서는 사람은 늘 소수다.

권사 중에서도 매사에 '지적질'하는 사람들이 있다. 마치 문제를 찾아내고 '○○○이 잘못이다'라며 지적하는 걸 전문으로 하는 사람 같다. 이런 사람에게선 결코 문제 해결 방법이 나오지 않는다. 오히려 문제가 더 커질 뿐이다. 반면, 어떤 문제를 목격하거나 발견했을 때 그것을 마치 자신의 문제인 것처럼 마음 아파하는 사람이 있다. 문제 앞에서 일종의 책임감 같은 걸 느끼는 것이다. 그런 사람들이 결국 문제를 부둥켜안고 기도하게 되고, 기도하면 해결책이 나오게 되어 있다.

그러니까 문제는 책임감과 관련되어 있다고 할 수 있다. 그 문제 앞에서 책임감을 느끼느냐 아니냐가 결국 문제 해결자가 되느냐 문제 제기자가 되느냐를 결정짓는 것이다. 무수한 개인의 문제, 교회의 문제, 민족의 문제가 그렇게 해서 해결되거나 그렇지 않아서 분란이나 분열로 확대된다.

믿음은 늘 절대 긍정이다. 왜냐하면 우리 인생, 우리 교회, 우리 민족과 역사를 인도하시고 이끄시는 분이 하나님이시기 때문이다.

그분에게 실수는 없다. 우리의 실패나 실수조차도 그분은 합력해서 당신의 뜻을 이루는 방편으로 삼으신다.

하나님에게 '문제'는 없다. 우리에겐 심각한 문제로 보일지라도 하나님은 그 문제를 통해 어쩌면 우리의 신앙을 테스트하는 것일 수 있다. 그 문제를 통해 더욱 하나님 앞에 나아가는지, 아니면 그 문제를 더 부채질해서 악의 도구가 되는 것인지를 보고 계신다는 말이다.

실패와 실수도 그렇지만 불현듯 우리 앞에 닥치는 문제들 또한 하나님의 뜻을 분별할 수 있는, 하나님의 은혜를 경험할 수 있는 기회다. 권사는 결코 그 문제를 부정적으로 확산하는 자가 되어서는 안 된다. 오히려 그 문제를 자신의 문제로 부둥켜안고 기도하는 사람이다. 그런 권사야말로 진정한 문제 해결자다.

35 나와 생각이 다른 사람들을 인정하라

"일등만 기억하는 더러운 세상!"

한때 유행어가 되기도 했던 이 말은 우리가 살아가는 세상이 어떤 세상인지를 단적으로 설명해준다. 그런데 '일등만 기억하는' 이런 가치관은 특정한 부류의 사람들에게만 있는 게 아니라 나 자신에게도 배어 있음을 알아야 한다. 그것은 교회에도, 우리가 무심코 드리는 기도 속에도 배어 있다. 이것은 신앙과는 거리가 먼, 세상적인 가치관이 교회에 침투해 신앙마저 지배하고 있는 경우다.

신앙생활을 잘 한다는 것은 어쩌면 내 주변이나 내 속에서 신앙이 아닌 것을 구분해내는 작업이라고 할 수 있다. 그것을 구분해내는 기준은 하나님의 말씀인 성경이고, 또한 하나님이 우리 각자에게 주신 선한 양심이다.

리더십의 차이

나는 리더십의 차이는 사람을 보는 가치 기준에서 나온다고 생각한다. 세상은 모든 그릇 중에서도 유독 금그릇만을 최고로 여긴다. 하지만 예수님은 질그릇이든 금그릇이든 은그릇이든 기본적으로 모든 그릇이 다 귀하다고 여기신다. 그런 관점의 차이가 세상 리더십과 예수님 리더십의 근본적인 차이라고 할 수 있다.

성경은 이 사실을 곳곳에서 알려준다. 내가 화려한 장미든 길모퉁이에 핀 이름 없는 꽃이든 하나님께서는 있는 그대로의 내 모습 자체를 긍정하시며 사랑하신다고 말씀하신다. 투박하고 고풍스러운 질그릇의 질감을 수려한 금그릇이 흉내 낼 수 없고, 단아하면서도 청결한 은그릇의 쓰임새를 두꺼운 나무그릇이 따라잡을 수 없듯이 우리 모두는 그 자체로 고유하고 특별한 가치를 지닌다는 게 성경의 가치관이다.

그래서 예수님께서는 "자고로 그릇이라면 꼭 이런 그릇이어야 한다"는 논리로 우리를 서열화하지 않으셨다. 다만 어떤 그릇이든 그 그릇을 깨끗하게 함으로써 금그릇은 금그릇으로서, 나무그릇은 나무그릇으로서 유용하게 쓰임 받을 것을 권하고 있다.

> 큰 집에는 금 그릇과 은 그릇뿐 아니라 나무 그릇과 질그릇도 있어 귀하게 쓰는 것도 있고 천하게 쓰는 것도 있나니 그러므로 누구든지 이런 것에서 자기를 깨끗하게 하면 귀히 쓰는 그릇이 되어 거룩하고 주인의

쓰심에 합당하며 모든 선한 일에 준비함이 되리라(딤후 2:20~21).

어떤 그릇이든지 예수님께서는 그릇 자체를 바꾸라고 하지 않으셨다. 그럴 수 없고 그럴 필요가 없기 때문이다. 이와 달리, 세상 리더십은 본질 자체를 바꾸라고 강요하는 경향이 많다. "너는 왜 금그릇처럼 화려하게 반짝이지 못하느냐?"며 끊임없이 경쟁의식을 조장한다. 그러다 보니 나무그릇과 질그릇들이 그 몸에 금칠을 하는 사태까지 벌어지는 실정이다. 어떻게든 금그릇이 되어야만 살아남을 수 있다는 논리에 자신의 정체성을 잃고 허덕이다가 마침내 그릇으로서의 가치마저 잃고 마는 것이다.

그런 면에서 일방적인 리더십은 부정적인 리더십이라 할 수 있다. 들꽃을 향해서는 그 꽃이 소담스럽게 피어나도록 하는 게 정원사의 리더십인데, 자꾸만 들꽃을 향해 백합처럼 화려하게 피어나도록 종용한다면, 그 들꽃은 이미 정원사에게 거부당한 것이나 마찬가지 아니겠는가.

나는 기업을 경영하면서 회장이랍시고 그런 일방적인 기준으로 직원들을 바라보는 건 아닌지 자주 나 자신을 돌아보았다. 기업 경영의 핵심은 사람이고, 사람을 키우는 만큼 기업도 크는 법인데, 내가 사람을 돌보고 관리하는 방식이 세상 방식과 다르지 않다면, 하나님께 이 기업을 축복해달라고 기도하는 나의 기도가 너무나 뻔뻔하고 위선적인 기도가 될 것이기 때문이다.

사장이 눈높이를 낮춰서 직원들을 보면 부장이든 과장이든 말단 직원이든 그들 각각이 소중하다는 걸 알게 된다. 비행기를 타고 높이 올라가며면 올라갈수록 큰 건물만 눈에 들어오지만, 자신이 밑에 내려와서 보면 크든 작든 모든 건물이 눈에 다 들어오는 것과 같은 원리다. 이 사람은 이런 점 때문에 우리 회사에 필요하고, 저 사람은 저런 점 때문에 우리 회사에 필요한 인물임을 발견하게 된다.

사장의 눈에 직원들의 가치가 그렇게 발견되면, 직원 한 사람 한 사람을 대하는 사장의 태도도 달라진다. 분명한 경영 원칙을 모두에게 똑같이 적용하되, 한 사람 한 사람을 향한 개별적인 섬김이 가능해진다. 이것은 직원들을 차별 대우한다는 뜻이 아니다. 오히려 모두를 특별 대우하는 의미다.

나는 지난 세월, 모든 직원의 가치를 긍정하며 수용하기 위해 내 스타일에 안 맞는다고 해서 "너 당장 그만둬!"라는 태도만은 지양하려고 노력했다. 쓸 사람만 쓰고 버릴 사람은 과감하게 버리는 세상 경영 방식이 예수님께서 보여주신 것과는 너무도 다르다는 걸 알았기 때문이다. 그럼에도 불구하고 내 평생 두세 사람 정도 권고사직을 시킨 이력은 내 리더십의 한계와 부족을 알리는 부끄러운 과거가 아닐 수 없다.

어머니의 마음으로

자식을 키울 때도 마찬가지다. 자식을 잘 키우려면 모든 자식들에게 획일적인 잣대나 목표를 들이대선 안 된다. 어떤 아이는 감성이 풍부해서 마음이 여리고, 어떤 아이는 운동신경은 좋은데 눈치가 없으며, 어떤 아이는 학습 능력은 좋은데 사회성이 떨어진다. 그 아이들 모두의 성장을 돕기 위해서는 각각의 목표 지점을 달리하면서 교육 방식도 달리 해야 한다. 그리고 그 첫 시작은 모든 자녀들의 있는 모습 그대로를 수용하고 용납하는 것이다.

"너는 왜 이 모양이니?"가 아니라 "너는 너무나 소중해"로 출발하는 특별한 교육을 실시할 때, 아이들은 속도의 차이는 있을지언정 언젠가는 장미로, 들국화로, 민들레로 아름답게 피어나게 될 것이다.

나는 기업에서의 리더십도 어떤 의미에서는 자녀를 대하는 부모의 리더십이어야 한다고 생각한다. '이익 산출'이라는 목표 아래 계약을 체결해 모인 사람들이긴 하지만, 그 기업 역시 하나님의 손 안에서, 하나님의 마음을 따라 이루어진 공동체라는 사실에는 변함이 없기 때문이다. 그러므로 기업이든 단체든 성경적 리더십으로 공동체를 이끌며 사람을 세워갈 때, 기대 이상의 열매가 맺힌다는 설 반드시 기억할 필요가 있다.

지난 세월 동안 내가 경영했던 모든 사업의 여정 속에는 이 사실을 뒷받침해주는 무수한 증거들이 있다. 나는 그저 예수님께서 보여주신 대로 사람을 긍정하며 그의 눈높이로 다가갔을 뿐인데, 어느새 성장해 있는 직원들로 인해 회사가 기적적으로 회복되는 일들이 내 눈앞에서 펼쳐지곤 했다.

우리 회사가 어려움에 처했을 때 그 어려움들을 이겨낸 장본인은 내가 아니라 바로 우리 직원들이었다. 그중에서도 한때는 "저 사람 좀 그만두게 해야 하는 거 아니야?" 하는 눈치를 받던 직원들이었다. 기업 성장에 대한 나의 꿈을 다른 사람이 아니라 바로 그들이 이루어 주고 있었던 것이다.

교회에서 봉사하다 보면 별의별 종류의 인간들을 다 만난다. 자주 토라지는 사람, 쓸데없는 고집을 황소처럼 가지고 있는 사람, 목소리 큰 사람, 말보다 행동이 앞서는 사람……. 그런데 이렇게 톡톡 튀는 사람들을 우리는 평가하고 정죄하려는 경향이 있다. '저 사람은 저래서 안 돼', '저런 인간이 어떻게 교회에 나오게 됐을까?'라는 식으로 말이다.

오히려 그런 내 생각을 바꿀 필요가 있다. '저런 사람도 교회에 나오는 걸 보니까 하나님의 은혜가 크긴 크구나' 이렇게 말이다.

하나님은 다양한 사람들을 다양한 모습으로 당신의 자녀로 삼으셨다. 중요한 건 교회 공동체 안에서 그 사람들을 한 사람 한 사람 세워가며 연합하는 일이다. 거기에 어머니 같은 권사의 리더십이 필요한 것이다.

에필로그
꿈꾸는 권사가 되라

꿈은 자라는 것

　나는 어릴 적부터 많은 꿈을 꾸며 살았다. 많은 돈을 버는 꿈부터 시작해서 가정에 대한 꿈, 인간관계에 대한 꿈 등 언제나 끊이지 않고 꿈을 꿨다. 꿈쟁이로 살았던 내게 하나님께선 그때그때마다 응답해주셔서 많은 꿈을 이룰 수 있도록 인도하셨다. 그리고 지금의 나는 또 다른 꿈을 꾸며 인생 후반기를 불태우고 있다.

　그러고 보면 '꿈은 흐르는 것'이라는 생각이 든다. 도랑물이 흘러 개울물이 되고, 개울물이 흘러 시냇물이 되며, 시냇물이 흘러 강물과 바닷물이 되듯 우리의 꿈도 흐르고 흐르면서 점점 더 커지고 변해간다.

　그래서 나는 기업을 손에서 내려놓고 늘그막에 새롭게 시작된 지금의 내 꿈이 젊은 시절에 가졌던 화려했던 어떤 꿈들보다 결코 작은 꿈이라고 생각하지 않는다. 때를 따라 인생을 아름답게 하시는 하나님께서, 영원한 나라에 들어가기 전까지 내가 이뤄야 할 가장 아름답고도 큰 꿈을 허락하셨다고 믿는다.

그 꿈 중 하나가 가나안농군학교에 관한 꿈이다. 나는 세계 여러 나라에 세워지고 있는 가나안농군학교를 통해 수많은 사람들이 실제적인 삶의 변화를 얻을 뿐 아니라 예수님을 알고 믿게 되는 일들을 보면서, 나의 마지막 열정을 불태워야 할 곳 중 하나가 이곳이라고 확신했다. 그러던 중 농군학교 리더들을 섬기고 돕기 위해서는 목사 안수를 받아야 한다는 필요성에 직면했고, 하나님의 강권적인 인도하심 속에 목사 안수를 받고 목회자로서 가나안농군학교를 섬기고 있다.

어떤 이들은 "가나안농군학교가 어떤 곳이기에 늦은 나이에 목사 안수까지 받으며 그 사역에 힘을 쏟는가?"라며 의아해할지도 모른다. 그들에게 나는 다른 설명은 다 제쳐두고, 기독교인들을 박해하고 추방하는 이슬람권에서조차 환영받는 곳이 가나안농군학교라는 사실을 이야기하곤 한다. 대한민국 경제 발전의 초석이 된 새마을운동의 정신이 가나안농군학교에서 비롯된 것임을 전 세계 사람들은 이미 알고 있다.

실제로 자국의 경제적 발전을 바라는 나라들과 정식으로 조인식을 한 후 가나안농군학교를 세워 교육을 실시하면, 그 나라 고위 간

부들부터 변화되는 일들이 얼마나 자주 나타나는지 모른다. 농군학교에 들어와 교육을 받은 다음부터는 고위 공무원들이 새벽에 일어나 직장과 동네를 빗자루로 쓰는 등 달라진 국가관이나 직업관, 가정관을 보여준다. 그러면 주변 사람들은 다음과 같이 말하며 관심을 나타낸다.

"가나안농군학교에서 일하는 분이 믿는 예수라는 신이 저 사람들을 변화시켰다."

이런 일들을 목격하면서 역시 사람의 내면을 변화시키는 일만큼 가치 있는 일은 없으며, 이 일을 위해 내 인생의 후반부를 올인하리라 결단하게 된 것이다. 그래서 모든 것을 털어 경남 밀양에 가나안농군학교를 세울 때도 부담이나 걱정보다는 기쁨과 설렘이 차고 넘쳤다. 하나님의 꿈을 이뤄가는 일에 내가 일꾼으로서 쓰임 받을 수 있다는 사실에 감사와 영광을 드리며 이 일에 올인하게 되었던 것이다.

이런 꿈을 꾸고 있기에 나의 인생 후반기는 어느 때보다 벅차고 행복하다. 내 꿈이 아닌, 나를 향하신 하나님의 꿈을 꾸며 달려가고 있으니 말이다.

아직 젊은 사람들은 '후반기'라는 말 자체가 가슴에 와 닿지 않겠지만, 어제까지를 인생 전반기로 보고 오늘부터를 인생 후반기라는 개념으로 접근했을 때 후반기의 인생 경영 계획은 누구나 세워야 한다고 나는 믿는다.

그 사람의 인생이 어떠했느냐에 대한 평가는 결국 그 사람의 마지막인 후반기가 어떠했느냐와 연결되기 때문이다. 즉, 갑작스러운 사고나 병, 혹은 노쇠함 등 언제 어떤 원인으로 우리가 죽음을 맞이하게 될지 모르지만, 그 사람이 죽기 전에 무엇을 꿈꾸며 어떻게 살았느냐가 결국 그 사람의 인생을 대변한다는 얘기다.

인생 후반기 다윗의 소원

내가 존경하고 롤모델로 삼는 성경 인물은 다윗이다. 그는 평생 산전수전을 겪으며 살았지만 모든 권력과 명성, 부귀영화를 다 누렸다. 그가 하고 싶은 것은 못한 바가 없으며, 그가 갖고 싶은 것은 갖지 못한 바가 없었다. 그런 후에 맞은 인생 노년기에 다윗의 소원은 단 하나였다. 그것은 자신의 인생을 인도하시고 큰 은혜를 베푸셨던 하나님께 성전을 지어 바치는 일이었다. 그런데 하나님은 그것을 허락하지 않으셨다. 대신 아들 솔로몬을 통해 성전을 짓겠다고 하셨다.

다윗은 얼마나 실망스럽고 아쉬웠을까. 하지만 다윗은 그 모든 아쉬움을 뒤로하고 하나님의 뜻에 순종하는 태도를 견지했다. 아들 솔로몬을 대신해 성전을 지을 수 있도록 모든 준비를 갖추는 것으로 인생 노년기를 보낸 것이다.

나는 다윗의 위대함이 이런 태도에서 나왔다고 믿는다. 인생은 그 마지막 마무리가 어떠했느냐가 중요하다. 우리의 인생에는 환란이나 시험, 유혹, 넘어짐도 있지만, 결국은 오늘부터 시작되는 인생 후반기를 어떻게 경영하느냐에 따라 나의 인생 전체에 대한 결과와 평가가 달라진다는 얘기다.

나는 다윗의 모습을 보면서 인생 후반기를 살고 있는 내가 어떤 꿈을 꾸고 있는지 점검하곤 했다. 우리의 마지막이 언제 찾아올지 모른다는 점에서 우리는 지금 인생의 후반기를 살고 있다고 할 수 있다. 그렇다면 나를 향하신 하나님의 꿈에 지금 순종하고 있는가가 우리 인생의 그림을 완성하는 답이라 하겠다.

기도를 통해서, 혹은 우리 마음의 소리를 통해서, 때론 내 주변 사람을 통해서 하나님은 우리를 향한 하나님의 꿈이 무엇인지 가르쳐 주신다. 우리가 귀를 기울이지 않아서 그렇지 하나님께선 어떤 식으로든 당신의 뜻을 계시해주시는 분이기 때문이다. 그렇다면 우리는 마지막까지 그분께 귀를 기울이며 우리를 향하신 하나님의 꿈을 품고 달려가야 한다. 나의 욕심을 이루는 야망이 아니라 나를 향하신 그분의 꿈을 품고 일할 때 우리 인생은 더욱 풍성하고 아름다울 수 있고, 마침내 그 꿈을 통해 하나님께서 영광을 받으시게 된다.

나는 가나안농군학교에서 주님을 만난 뒤부터 "일하기 싫거든 먹지도 말라"는 외침을 참 좋아하게 됐다. 성경 말씀을 근거로 한 이 외침 속에는 우리가 참다운 꿈을 좇아 일할 때 가장 값진 인생의 양식을 먹을 수 있다는 뜻을 포함하고 있기 때문이다.

일하게 되는 동력은 꿈이다. 특별히 우리를 향하신 하나님의 뜻을 좇아 같은 꿈을 품고 일하며 사는 것은 인생의 장거리 경주에서 실패자가 되지 않는 비결이기도 하다. 그런 면에서 꿈꾸지 않은 채, 혹은 헛된 야망을 품은 채 일하는 것만큼 어리석은 일은 없다. 보배로운 꿈을 꾸는 자가 끝까지 일할 수 있고, 그렇게 일하는 자에게 참된 양식과 열매는 주어진다.

보통 권사는 꿈도 없이 그저 봉사만 하는 사람으로 치부하기 쉽다. 하지만 결코 그렇지 않다. 그 같은 시각은 과거 여성이 가사노동만 했던 데서 나온 구시대적이고 차별적인 것이다. 권사가 꿈을 꿔야 가정의 자녀들도 꿈을 꿀 수 있다. 권사가 꿈을 꿔야 교인들도 꿈을 꿀 수 있다.

그 꿈은 곧 믿음의 다른 표현이기도 하다. 하나님은 믿음이 있는 사람에게 꿈을 주신다. 하나님은 꿈을 통해 일하시기 때문이다. 하나님은 당신의 뜻하신 목적을 위해 우리의 마음속에 의지와 소원을 주신다(빌 2:13). 어느 곳, 어떤 모양으로 섬길지라도 하나님의 꿈이 있는 사람은 가장 멋있고 아름다운 인생을 갖게 되는 것이다.